erste Auflage Mai 2017

dritte, erweiterte Auflage, Mai 2019

Umschlaggestaltung: Reinhard Grüninger

Herstellung und Verlag:
BoD –Books on Demand, Norderstedt
ISBN 978-3-7448-8634-5

**Ingrid und Johannes
Senfft von Pilsach**

Was damals auf Gut Hessel gelebt hat

Unter anderem Gedichte von Emma-Sophie Schmidt-Michaelis

Die Inhalte haben geliefert:

- Andreas von der Decken (aus dem Internet)
- Ingrid Senfft von Pilsach (Erinnerungen aus der Vergangenheit)
- -Johannes Senfft von Pilsach (Lebenserfahrungen mit Hessel)
- **Emma Sophie Schmidt Michaelis**
  (Gebet, jahreszeitliche Gedichte, Zahlenspiele, Meditationen)
- Albert Talhoff (für Hessel im Jahre 1942/43)
- Dorothea Schmidt (Bilder von Hessel mit Personen, ESSM, genannt „Mütte“ im Alter von 90 Jahren)
- Reinhard Grüninger (Bilder aus dem Internet, kleiner inhaltlicher Beitrag, Erstellung der Broschüre etc.)
- Manfred Boblitz (Bild vom alten Gut Hessel aus dem Vereinsheim)
- Matthias Mock (Bild von Eberhart Schmidt aus dem Vereinsheim)
- Michael Pechmann (Bericht von Eberhart Schmidt)
- Christian Krause (Begegnungen in der Zeitenwende 1944-1947)

Zu dem Gruppenfoto;
das Dorothea zur Verfügung gestellt hat:

Ein geheimnisvolles Zusammenwirken hat uns das genaue Datum seiner Entstehung beschert:
Auf der einen Seite sind wir hier mit Reinhard Grüninger seit Wochen beschäftigt, diese Inhalte zusammenzutragen, und auf der anderen Seite meldet sich Johannes Schmidt, ein Alt-Hesseler, weil er beim Aufräumen „zufällig" einen Brief von der Mitgliederversammlung von 17.10.1992 gefunden hat.

Und er erinnert sich ganz genau an das Jahr und die Situation:
Es ist in der Osterzeit 1943 und seine Konfirmation zusammen mit Christiane von Senfft. Mütte gestaltete die Feier im Schafstall und seine Erinnerung daran ist noch sehr lebendig mit all den Schafen drumherum.
Beide bekamen dann den Wanderstab in die Hand als Symbolum dafür, daß sie jetzt in die „Freiheit" entlassen werden und ihren Weg nun selbständig suchen und gehen müssen. Damit wurden sie aus der Feier verabschiedet und gingen ganz „bedeppert" – wie Johannes Schmidt berichtet – in ihre Zimmer. Nach einer Weile wurden sie von der Gemeinschaft wieder gerufen und dieses Foto entstand. Da fühlten sie sich wie erlöst.

<u>Hinweis</u>: Das Gruppenfoto auf der Vorderseite des Covers ist nochmals auf der folgenden Seite abgebildet und soweit mit Namen versehen, wie zu ermitteln war.

Das Bild entstand zur Osterzeit 1943 anläßlich der Konfirmation von Johannes Schmidt und Christiane Senfft von Pilsach

Vordere Reihe von links nach rechts:

- Damma (Nähstube)
- Roland Kurzdörfer (der Kleine)
- Frieda Schmidt (sich beugend, Mutter von Johannes Schmidt)
- Johannes Schmidt (mit Stab)
- Mütte (in weiß)
- Christiane Senfft von Pilsach (mit Stab)
- Annchen Kellner (genannt „Akka“)
- Johannes Senfft
- Magdalene Hofmann (genannt „Ma“ in weiß)
- Christa Bierer (weiße Bluse)
- Paula Kowalek und ihr. Mann (Schwester von „Akka“)

Hintere Reihe von links nach rechts:

- Vater Martin (mit Hut hinter Mütte und Johannes Schmidt
- Mutter Erika (Mutter von Joh. Senfft ,zwischen Christiane + AKa)
- Hans Jürgen Senfft (Joh’s Vater)
- Eberhart Schmidt
- Erdmuthe Schmidt (hinter den beiden schwarz gekleideten Mädchen durchguckend)

Bericht von Andreas von der Decken

Schmidt, Martin
Ingenieur
Geb.:11.11.1892 Kassel
Gest.:13.11.1964 Kassel

Martin Schmidts Vater baute die Heißdampf AG in Kassel auf. Martin Schmidt machte eine Ingenieurausbildung und baute mit 27 Jahren in Belgien erfolgreich eine Maschinenfabrik auf und leitete sie. 1919 erlernte er die Landwirtschaft bei Kleinbauern und in einem größeren Betrieb. Er war Vorstandsmitglied des Versuchsrings anthroposophischer Landwirte. 1932-36 gründete er mit Max Karl Schwarz die Gartenbau- und Siedlungsschule Worpswede mit anthroposophischer Lehrerschaft. Er war Roggenzüchter, der an der Regeneration bestehender Getreidesorten arbeitete und eine eigene Ährenzählmethode entwickelt hatte. Er hat die biologisch-dynamische Landwirtschaftsweise maßgeblich beeinflusst.

Meine eigene Lebensgeschichte ist mit Martin Schmidt und seiner Frau [Emma Sophie Schmidt-Michaelis] eng verbunden. Meine Geburt am 1. April 1926 fand auf dem Eschenhof in Grammersdorf bei Lübeck statt, am Ufer des Hemmelsdorfer Sees. Diesen Hof bewirtschaftete Martin Schmidt, der ihn aus seinen Einkünften als Vorstandsmitglied der „Schmidtschen Heißdampf-AG“ in Kassel erworben hatte, im Sinne der 1924 in Koberwitz in Schlesien in die Welt getretenen biologisch-dynamischen Wirtschaftsweise. An diesem Landwirtschaftlichen Kurs hatte er teilgenommen. Mein Vater war zu der Zeit Pfarrer der Christengemeinschaft in Lübeck, und seine Familie lebte auf dem Eschenhof. Von dem, was die sich eben erst bildende Lübecker Gemeinde finanziell aufbringen konnte, war die Familie nicht zu ernähren.

Woher diese enge Verbindung stammte, ist nicht mehr genau zu ermitteln. Es scheint aber, als hätten die beiden Mütter, noch vor 1919, also lange vor ihrer jeweiligen Eheschließung, bei einer gemeinsamen Ausbildung die ersten Kontakte zur Lehre Rudolf Steiners geknüpft, und die „Eheschließung" der Männer sei von diesem Ereignis her begünstigt worden.

Die nächste Etappe reicht vom Ende der 30er Jahre bis zum Tode von Martin und Emma Schmidt. Inzwischen war das „Gut Hessel" im Eichsfeld unmittelbar an der hessischen Grenze, östlich von Bad Sooden-Allendorf, erworben worden. Da erst eigentlich beginnt der Zauber, der die Menschengemeinschaft, die sich dort zur Arbeit versammelten, zu einer so dauernden machte, dass heute, dreizehn Jahre nach der „Wende" 1989 und der mühsamen Wiederaufbauarbeit, die diesem Datum folgte, besonders durch den Schwung und die Initiative von Eberhart Schmidt, dem jüngeren Sohn von Martin und Emma Schmidt, die noch lebenden Mitglieder der damaligen Gemeinschaft sich dem Wiederaufbau dieses gemeinsamen Lebens-Mittelpunktes intensiv widmen konnten.

Das hat mit der Landwirtschaft zu tun, und mit dem eigentlichen Umstand, dass das Areal des Gutes, im Sperrgebiet gelegen, von seiner unmittelbaren Nähe zur Zonengrenze profitiert hat, in dem es keiner landwirtschaftlichen Bearbeitung unterworfen werden konnte, die das in ihm angelegte „Welterneuerungswerk" hätte zerstören können. Hier wurden die ersten Versuche unternommen, die das Zusammenspiel der Ätherkräfte im Jahreslauf dem Menschen durch die Züchtung von Roggen-Saatgut praktisch nutzbar machten; Versuche, die heute durch Georg-Wilhelm Schmidt, dem ältesten Sohn, und seine Helfer erfolgreich fortentwickelt werden konnten. Man merkt dieser Landwirtschaft heute den gleichen Zauber an wie damals, da hier etwas lebendig spürbar ist, was ich als

„Zuhause“ bezeichnen möchte, als einen höheren „Geburtsort“.

Da wirkte also der „Vater Martin“ wie er von der großen Zahl der jüngeren, nicht verwandten, deutschen und fremdländischen Mitarbeiter genannt wurde, ohne gelegentliches Bangen ihrerseits, denn er war, wie seine Söhne, gut über zwei Meter groß und Statur und Stimme in durchdringender Bestimmtheit, da und dann, wo und wann es Not tat oder auch nur Not zu tun schien, durchaus ein „Jupiter tonans“.

Aber die Seele des Ganzen war eben die „Mütte“ wie sie, nach dem Beispiel der eigenen Kinder, von den allermeisten, auch von den Erwachsenen genannt wurde. Emma Sophie Schmidt–Michaelis, die ruhende Mitte, Tochter des gewesenen preußischen Unterstaatssekretärs für das Finanzwesen, der die biologisch-dynamische Landwirtschaft förderte, die Hüterin des Herdes, das strahlende Herz, eine „Herrin“, aber eine, der man von ganzem Herzen zu dienen bereit war. Das liebevolle Zusammenleben all dieser vielen Menschen, der Erwachsenen, der Jugendlichen, ja der polnischen Fremdarbeiter und russischen Gefangenen, war im Umkreis dieser wahrlich bedeutenden Frau möglich. Ihre kulturellen, ihre sozialen, ihre religiösen Wirksamkeiten können hier nur angedeutet werden.

Am letzten Lebenstage dieses alten Hessel, das den Krieg fast unversehrt überstanden hatte, am 1.Juli 1945 als Thüringen unter russische Besetzung kommen sollte, -- das Ehepaar Schmidt war durch befreundete amerikanische Offiziere rechtzeitig unterrichtet worden,-- in diesen Tagen waren es sicher über 80 Personen, die, mit dem allernötigsten versehen, über den bewaldeten Höhenzug hinweg, der das Guts-Areal im Westen umschloss, mit den Pferden, den Kühen, den hochgepackten Leiterwagen den Weg ins Hessische unternehmen. [Die Kuhherde wurde später, durch Vermittlung von amerikanischer Seite nachgeholt. --- Die weiteren Stationen finden wir in der Broschüre mit dem Titel: „Das Hesseler Tagebuch von Martin Schmidt während des 2. Weltkrieges Juni 1940 bis Juli 1945“ bzw. im Bericht von Johannes Senfft von Pilsach.]

Ich habe später, bevor Martin Schmidt und seine Frau nach Schienen am Bodensee zogen, noch manches Mal auf landwirtschaftlichen Unternehmen mitarbeiten können, die ihn und seine „Arbeitsgemeinschaft" aufnahmen und auch Kontakt zu Rittershain und Bingenheim gehabt, den Instituten für seelenpflege-bedürftige Kinder, die von Emma Schmidt-Michaelis begründet worden sind, aber das zentrale Erlebnis ist eben doch Hessel, das Vermächtnis dieser beiden Menschen.

Andreas von der Decken

Bericht von Ingrid Senfft von Pilsach

In Ergänzung des Berichtes von Andreas v.d. Decken, möchte ich noch einige Erinnerungen an „Mütte“ hinzufügen.
Vorab ein paar biographische Parallelitäten zwischen Andreas v.d.Decken und Johannes Senfft von Pilsach:

Auch Johannes ist in der Eschenhof-Zeit geboren. Auch Johannes'
Lebensgeschichte ist mit Emmi und Martin Schmidt dicht verbunden.
Andreas Mutter und Johannes Mutter waren Schwestern – Caecilie und Erika von Hodenberg.
Auch Johannes' Mutter hatte längst vor dem „Auftauchen“ der Männer eine intensive Beziehung zu Emma Sophie Michaelis. Soviel ich weiß, haben sie damals einen Kindertransport nach Dänemark begleitet und betreut.
Johannes' Vater hat als 24 jähriger auch den Koberwitzer Kurs miterlebt.
Bevor Schmidts auf die Hessel zogen (in den Jahren 1936-38), bewirtschaftete Johannes' Vater, Hans Jürgen Senfft von Pilsach den Hof und begann mit der Umstellung auf die biol.-dyn. Wirtschaftweise.

Der Vater von Andreas v.d. Decken, Pfarrer Claus von der Decken, hat uns 1955 in Kassel getraut. „Mütte“ ist unsere Trauzeugin und „Vater“ Martin ist Johannes` Patenonkel.

Mit großen Ohren hörte ich immer zu, wenn Johannes und andere Menschen von Hessel, Martin und Mütte und der Hofgemeinschaft erzählten.
Für mich als junge Mutter mit schließlich 5 Kindern war alles, was mit den Gestaltungen der Jahresfeste zusammenhing, glühend interessant. So haben viele „Schätze“ in unserer Familie weitergelebt. Besonders das Weihnachtsfest ist mir durch Johannes´ Erzählungen so lebendig geworden, als hätte ich es miterlebt.
Es wurde damals eine große Weihnachts-Krippen-Landschaft aufgebaut. Dazu wurden mehrere Tische aneinander gestellt,

und obendrauf entfaltete sich die ganze Erde: da gab es eine Polarzone mit ihren Tieren und eine Wüstengegend mit ihren besonderen Tieren als die beiden Extreme; in der Mitte entfaltete sich die gemäßigte Zone. Da wurde mit Moos, Steinen, Sand, Stoffen, Wurzeln, Bäumchen und dem Lametta-Bächlein, das „Wasser des Lebens“, das im Wurzelbereich des Weihnachtsbaumes entspringt, gestaltet. Im Zentrum die Grotte mit Maria, Josef, Ochs und Eselein – und – ganz wichtig - dem Krippenlicht.

Als ich selber anfing Krippen zu bauen, merkte ich, daß es immer eine besondere Herausforderung war, das Teelicht so zu platzieren, daß es einerseits die Grotte gut ausleuchtete, aber andererseits die direkte Flamme verdeckt war.

Alle Hirten, Könige und Tiere wanderten in den heiligen Nächten langsam immer weiter auf die Krippe zu – wenn die Menschen auf dem Hof schliefen. Wer in Hessel jeweils den „Krippendienst“ machte (auch mit „regnen lassen“) weiß ich nicht. – Bei uns waren es zunächst Johannes und ich, später die größeren Kinder für die Kleinen. Ganze Geschichten konnte man sich dabei ausdenken, die wir dann an der jeweiligen Position der Tiere erraten haben,

Unter den Tischen waren die sogenannten Puckchen-Höhlen. Wie muß das für ein Kind geheimnisvoll gewesen sein: Wie gewissermaßen unten an den „Würzelchen“ des Geschehens spielen zu können und über sich das ganze Weihnachts-Geschehen zu wissen.
Im ganzen Zimmer wurde Stroh aufgeschüttet und Strohballen verteilt. Mütte las dann abends Geschichten vor, und man konnte es sich dazu im Stroh gemütlich machen. Es wurde auch viel gesungen. Einen besonderen Zauber hatte für Johannes immer das Singen im Schafstall.

Nach der Flucht, Kriegsende, alles Provisorium, Weihnachten 1945, formte Mütte aus der lehmigen Rittershain Erde Maria, Josef, Ochs und Esel; ungebrannt, unbemalt, waren sie in ihrer skizzenhaft urtümlichen Art für uns immer Zeugen von Zeiten-Schicksal.

Maria, Josef und Öchslein leben heute noch, viel geliebt, gut gehütet und sorgsam geklebt, wo es nötig war. Sie wurden mehrfach weitergereicht und landeten bei uns, als ich anfing Feste zu gestalten und zogen ungezählte Male mit uns um.

Nun, seit wir im Altersheim leben, stehen sie bei unserer dritten Tochter „Michaela“ und erinnern sie an die weltweite heutige Flüchtlings-Situation.

„Mütte“ konnte sehr meditativ Bilder anschauen und entdeckte dabei vieles, was man bei schnellerem Betrachten übersieht. Das habe ich selber so manches Mal im Gespräch mit ihr staunend erfahren.

So entstanden z.B. die Osterfähnchen. Bei einem normalen Kreuz sind Längs- und Querbalken fest miteinander verbunden. Das besondere Charakteristikum der Osterfahne ist der frei schwingende Querbalken.
Wenn die Auferstehungskräfte in uns wirken, dann können wir mit unserem „Kreuz“, das jeder zu tragen hat, anders umgehen. Wir sind dann nicht wie unerbitterlich starr an unser „Kreuz“ festgenagelt.

Ein Wort von Bernhard von Clairvaux drückt es so aus:
„Das Kreuz Christi ist eine Last von der Art, wie es die Flügel für die Vögel sind, sie tragen aufwärts.“

Die Osterfahne, dieses Wahrbild, will uns die ganze Osterzeit daran erinnern. Wir können sie in den Osterstrauß oder zu dem selbstgebackenen Osterlämmchen stecken. Bei uns durfte dieses Lämmchen bis Himmelfahrt „leben“, dann haben sich die Vögel und allerhand Getier daran erfreut.

Hinweis: Für den, der sich gerne selber ein Oster-Fähnchen anfertigen möchte, folgt im Anhang 1 eine kleine Anleitung.

Das alles war „Müttes“ Aufgabe mit ihren Helfern. So entstanden die Gedichte und Texte in den verschiedenen Lebensstationen; in der Waldorfschule Stuttgart, wo sie Religion unterrichtete, in Hessel, in Rittershain – immer im Zusammenhang mit den Menschen, für die sie sich verantwortlich fühlte.
Sie war wie das Tor, durch das der Quellstrom zwischen Himmel und Erde atmend fließen konnte.

Das hier Gesammelte ist alles andere als vollständig – es ist nur das, was bei uns gelandet und lebendig geblieben ist.
Alle, die noch was wissen könnten, sind schon drüben in der anderen Welt.
Wer in einem täglichen Arbeits-Zusammenhang mit Emmi und Martin Schmidt zu leben hatte, der mußte sich sicher mit dem Thema „Im Schatten der Titanen“ auseinandersetzen [siehe das Foto der 90 jährigen „Mütte“ auf den nachfolgenden Seiten].

Wer das in beispielloser Weise als Lebens-Aufgabe gemeistert hat, ist Magdalene Hofmann, in Hessel genannt „Ma“. Sie kam in jungen Jahren zu Schmidts und blieb durch alle Wirren hindurch bis zu Müttes Tod. Das sind die stillen Helden, ohne deren selbstlose und doch „Ich-hafte“ Kraft das Hof- und Weltgetriebe nicht rund laufen würde.
Herzens-Gedanken seien ihr zum Schluß hier gewidmet.

Mein Hauptimpuls zum Entstehen dieser Broschüre war, daß Müttes Gedichte nicht verloren gehen sollten.

Unser lieber Freund, Reinhard Grüninger, half mit dem ganzen technischen Know how und setting und der inhaltlichen Zusammenstellung. Dorothea Schmidt stellte die Photos von Mütte und der Hofgemeinschaft zur Verfügung.

Herzlichen Dank an alle Helfer.

Gedicht von Albert Talhoff für Hessel im Krieg 1942/43

Albert Talhoff war ein Schweizer Schriftsteller und Regisseur mit dem bürgerlichen Namen Ludwig Albert Meyer, geb. 31.Juli 1888 in Solothurn, gest.:10 Mai 1956 in Luzern. Talhoffs dramatisches Hauptwerk *Totenmal* hatte 1930 in München Premiere.

Er weilte u.a. in den Jahren 1942/43 für längere Zeit auf Gut Hessel.

Für Hessel

Wie einst die Jünger Laut und Woge waren
Ein heilig Widerspiel dem Himmelslicht und seinen Jahren,
So sind auch wir Dir flammend aufgebrochne Schar
Wen Du liebst Urgöttlicher,
Den weihst Du mit Gefahr
Und tief ins Unerschlossne
Treibst Du seine Wurzeln.

Was Du uns gibst
Das ist uns Aufgebot
Und was uns mangelt
Reichst Du in der Not.
Nicht was Du warst, was Du wirst
Ist unser täglich suchen
Und wo wir finden glüht Dein offenes Angesicht.

Im Weizenkorne brennt
Dein Mutterlicht
Im Korne mach Dein
Goldner Erdenblick
In unserem täglich Brote

Groß sich auf!
So wird Dein Geist uns Leib
Da wir dich säen und erschaffen.

Wie heilig ihre Anbetung
Der Engel Chöre um Dich Kreisen
Und wie Kristalle selig singen
Ihre alten Weisen –
So sind die weit
Hinausgestellten Felder
Unsere Melder,
Die Dich rauschend auferstehen
Und leuchtend preisen.

Segne sie, mehre sie,
Und laß uns innen
Deine Güte – Kraft
Und Offenbarung
Als unseres Blutes
Heilig tiefe Strömung
Und des Herzens
Reifend stille Melodie.

Albert Talhoff
im Krieg 1942/43

Emma Sophie Schmidt-Michaelis und was durch sie auf Gut Hessel lebte.

genannt „Mütte“, geb.: 2.6.1894, gest.: 17.Okt. 1984, Friedhof Bebra Imshausen
Zu sehen auf der Vorderseite des Covers, in der Mitte des Bildes, weiß gekleidete Frau mit Mittelscheitel

Weitere biographische Hintergründe sind unter dem Namen des Vaters, „Georg Michaelis“ mit Hilfe der Suchmaschine „Google“ unter dem Internetauftritt der „Forschungsstelle Kulturimpuls–Biographien Documentation“, zu finden.

Ihre Schaffenskraft war sehr vielseitig:

U.a. gründen und führen der Waldorfschule in Kassel und des Kinderheims in Rittershain etc.
Weitere Ausführungen siehe der Bericht von Ingrid und Johannes Senfft v. Pilsach.

„Mütte“ an ihrem letzten Geburtstag mit 90 Jahren.

Anmerkungen von Reinhard Grüninger

Vielleicht kann man an Hand der Gedichte von Emma Sophie Schmidt-Michaelis erkennen, welcher Geist auf Gut Hessel in den Jahren 1936-45 gelebt hat. Es waren zwar nur 9 Jahre, aber sie waren prägend bis zur heutigen Gegenwart.
Der **äußere**, sinnlich sichtbare Erfolg ist zwar zunächst ausgeblieben, aber die neue Aufgabenstellung eines zukünftigen Zeitalters, die **zusätzliche Beherrschung der „Lebenskräfte" der Welt**, welche den toten Stoff durchdringen und zum Leben erwecken, sind in ersten Versuchsreihen angelegt worden. Dieses Erkennen fängt auf einer zunächst für unsere heutigen Sinne noch unwahrnehmbaren Ebene statt. Das erste Einfühlen in diese noch übersinnlichen Vorgänge kann durch die erweiterte Wahrnehmung der „wesenhaften" Zusammenhänge des Lebens ermöglicht werden.

Die bisherige Welt in ihrer Ausprägung sieht die Landwirtschaft als eine Nutzpflanze für die Unterhaltung unserer stofflichen Ernährung an. Dieser Weg einer naturwissenschaftlichen Betrachtung war der vergangene Entwicklungsweg des menschlichen Bewusstseins von der griechischen Kulturepoche bis heute.

Eine zukünftige Landwirtschaft hat zusätzlich den eigenen **Entwicklungsweg** des „Wesens" der Pflanze **selbst** im Auge. Dieser Entwicklungsgedanke geht aus unserem seelisch-geistigen Lebensweg hervor und stellt die neue „Aufgabenstellung der Zeit" für eine zukünftige „Wissenschaft des Lebendigen" dar; im Gegensatz zur Aufgabenstellung der Vergangenheit, die eigenständige Beherrschung „des Stoffes" durch die Bewusstseinskräfte des Menschen.

Dieser Entwicklungsweg des menschlichen Bewusstseins läuft nicht geradlinig aufwärts, sondern muss auch Rückschläge hinnehmen. Sie sind Anlass für unsere selbstgeleistete Erkenntnisarbeit.

Die anfängliche, **gemüthafte** Wahrnehmung der Kräfte einer über- und untersinnlichen Welt und ihr Ausdruck in der poetischen Form, spielt dabei eine not-wendige Vorreiterrolle. Diese gemüthaften Sinneseindrücke beflügeln **unseren Willen** zur Aufnahme einer zukünftigen Tat.

Dieser Umstand ist u.a. den zahlreichen Gedichten und Ausführungen von Emma Sophie Schmidt-Michaelis zu entnehmen.

Der Baum

Wurzelnd in des Vatergrundes Erdentiefen
Ragt der Baum hinauf in Christi Himmelshöhen,
breitend seine Zweige in des Geistes Weiten.

Kräfte, die im Erdeninnern wartend schlafen,
Kräfte, die der Wind auf seinen Flügeln trägt,
wollen einen sich in seinem Stamme,
wollen einen sich zum Christus-Welten-Wirken

Sternenreiche Nacht, die blaue,
hüllt ihn ein in ihren weiten Mantel.
Und an ihren lichten Quellen
Schöpft er Kraft zum starken Wachen.
Sternenkräfte kreisen bauend
durch den Stamm bis in die Wurzeln
Erden steigen webend
durch den Stamm bis in die Zweige
und es wächst der Baum ins Geisterreich.

Tief in seinen starken Wurzelarmen
liegt erwartend meine Seele.
Und ihr Blut ruft nach den Sternenkräften
und ihr Leib nach Christus-Erdenkräften.

Schlafe, Seele, in der neuen Erde.
Schlafe wachend, meine Seele.
Schlafe wachend. – Deine Stunde kommt.

ESSM
10. und 16.12 1923
Kassel

Gedicht ohne Überschrift

Geister der Sterne
Rufen aus Höhen
Weisen die Pfade
in der Finsternis Land.
Menschen erheben
die Augen zum Lichte
öffnen die Ohren
dem Rufe der Geister
fangen den Heilstrom
in wartenden Händen.
Stille senkt sich
aus Ewigkeitsreichen
segnet den Stein, die Pflanze, das Tier
Menschengeister! Erwachet, erwachet!
Christus, der Herrscher der Himmelsgewalten
Christus, der Träger der Erdengestalten
Christus kündet sein Kommen an!
Die Kleider liegen bereit
aber die Menschen wollen sie nicht anziehen
Die Schalen sind gefüllt
aber die Menschen wollen nicht trinken
Die Tore sind geöffnet
aber die Menschen gehen nicht hinein
Wo sind die Rufer
die Wecker
die Heiler
Wo sind die Lehrer
Und die Erlöser

Nur wer die Hüllen
der sterbenden Pflanze

hinter sich warf
und als Same erwacht,
Wer durch die Pforte des Todes geschritten
und als Erstandener
das Tageslicht grüßt
wird erwählt in die Reihen der Geister
Helfer zu sein
an des Reiches Bau.
Wachet ihr Menschen!
wehret dem Schlafe,
der wieder und wieder
die Glieder euch lähmt.
Trinket den Heilstrom
der euch bereitet !
Suchet das Kind!
Ihr gewinnet die Fülle
und Ihr umschliesset
den Jammer der Welt.

Von Mütte
Eschenhof 1925/26

Gebet

Ich erhebe mich heute durch gewaltige Kraft
Durch die Kraft der Ungeborenheit.
Aus dem Göttlichen sind wir geboren
In den Christus hinein sterben wir
In dem heiligen Geiste erwachen wir.
Ich erhebe mich heute
Durch Ergreifen der Dreiheit im Menschlichen Leibe
In den Gliedern
In dem Herzens-Lungen-Schlage
In dem ruhenden Haupte.
Ich erhebe mich heute
Durch das Erfühlen der Einheit
Mit dem göttlichen Weltengrund:
Das Ich und der Vater sind eins.
Ich erhebe mich heute
Durch das Wort im Urbeginn
durch die Opfertaten des Lammes
Durch das Ereignis von Golgatha
Durch Empfängnis, Geburt und Taufe des Christus Jesus
durch sein Wirken, Leben und Leiden
Durch seine Kreuzigung, Grablegung, Höllenfahrt
Durch seine Auferstehung, Himmelfahrt und Wiederkehr in den Wolken
Durch sein Walten im Umkreis der Erde
Durch sein Wirken in der Menschenseele
Ich erhebe mich heute
Durch die Kraft des heiligen Geistes,
Der göttlichen Sophia
Der Anthropo-Sophia
Ich erhebe mich heute
Durch die Kraft der
Seraphim
Cherubim

Throne, der
Cyriotetes
Dynamis
Exusiai, der
Archai
Archangeloi
Angeloi
Ich verbinde mich heute mit den Brüdern
der Vergangenheit, Gegenwart und Zukunft.
Ich erhebe mich heute durch gewaltige Kraft
Durch die Kraft der Unsterblichkeit
Im Lichte des Auferstandenen
Durch die göttliche Dreifaltigkeit
Durch die Dreiheit des Menschenwesens
Durch die Einheit mit dem göttlichen Weltengrund
Das Ich und der Vater sind Eins.

von Mütte
im September 1975

Gebete

In unserer Familie und bis heute bei uns zwei alten Leutchen (Ingrid und Johannes Senfft von Pilsach) leben als Gebete um die Mittags-Mahlzeit diese 7 Sprüche durch die Woche hindurch

Sonntag
Der du waltest über den Sternen
Verleihe uns Würde aus Himmelsfernen
Mit Andacht zu nehmen was die
Erde uns gibt, uns zur Erkraftung.

Montag (Mond)
Herr, Du bist die Quelle des Lebens,
Und in Deinem Lichte sehen wir das Licht.

Dienstag (Mars)
Stärk uns im Streite standhaft zu stehen,
Gib uns in Gnaden das tägliche Brot.

Mittwoch (Merkur)
Herr, Du gehest an uns vorüber
    Ehe wir es gewahr werden,
Du verwandelst Dich ehe wir es merken.

Donnerstag (Jupiter)
Der Du Deine Wolken auftust
Und lässest Deine Tropfen fallen,
Wirke in uns das Wunder der Wandlung,
Daß Deine Erde die Wasser des Lebens empfange
Und ihre Gestalt sich erneuere.

Freitag (Venus)
Du wohnest im Verborgenen

Und erfüllest alle Deine Geschöpfe
Und wirkest und waltest, alles in allem
Und offenbarst Dich in Zartheit u. Schöne

<u>Samstag</u> (Saturn)
O du Feuer, O du Licht
Hilf uns, daß im dunklen Hause
Licht von Deinem Licht erscheine
Alle Finsternis sich helle
Deine Wärme es durchglühe
O du Feuer, O du Licht.

Nicht alles original Mütte,
aber von ihr so zusammengestellt.

Jahreszeitliche Gedichte

Rafaels Lied „Frühjahr“

Du stahlst von Sternen
Heilkraft aus Fernen
o hilf o hilf Sankt Rafael.

Kräutlein im Grunde
Heilet die Wunde
hilf uns, o hilf Sankt Rafael.

Blumen in Feldern
Wurzeln in Wäldern

Heilkraut, dich preiset
Wirkung beweiset

Alraun Melisse
Thymian und Kresse

Ysop, Zeitlose
Salbei, Schneerose

Dein Gnad und Gaben
sind´s die uns laben…
Sankt Rafael

Alle die Kranken
Weltarzt, Dir danken
Lobpreis o Dir
Sankt Rafael.

Ein altes Lied, nicht von Mütte,
lebte aber im Hessel-Jahreskreislauf

Uriel „Sommer“

Es schwanket das Fuder
Es reifet das Korn
Es duftet die Linde
Die Rose am Dorn.

Und glüht auch die Sonne
Es schatten die Wälder
Es weiden die Herden
Es breiten die Felder.

Wir steigen zu Berge.
Von felsiger Höh‘
Grüßen die dunklen Föhren ins Tal.
Glockenblumen, die blauen, sie läuten,
Laden die Hummeln zu duftendem Mahl.

Höher schwingt sich der Habicht in Kreisen
Tief unten am Berge, da glutet der Mohn.
Und Riesenwolken, lichtumsäumte,
Hüllen verschweigend den göttlichen Thron.

Es brütet die Hitze
Es fahren die Blitze
Vom himmlischen Sitze
Und Donner rollen durchs weite Tal.

Es flutet der Regen
Wir trinken mit Kräutern
Und Blumen den Segen
Und danken dem Gotte
Der alles erquickt.

Michael „Herbst“ (drei Gedichte)

Wenn die goldnen Blätter von den Birken fallen –
Fallen und wie Sternentaler auf der dunklen Erde leuchten,
Leuchten fern am Himmel Sternenfunken auf.
Sternenfunken schlägt der Gotteskämpfer,
Kämpfer mit dem Himmelsschwerte
Michael, der Muterwecker.
Weckt die Schläfer aus dem Schlummer.
Schlummer weicht- ein neuer Morgen,
Morgenröte steht am Himmel,
Himmelssöhne steigen nieder,
Nieder auf die dunkle Erde,
Dass die dunklen Erdengründe
Sternenfeuer trinken.

O Michael
Du erweckst unsere schlafende Seele
Mit dem Schlage Deiner Flügel,
mit dem Blitze Deines Schwertes

Du lässt uns erkennen
die Wesen über uns,
die Wesen unter uns,
die Wesen zur Rechten,
die Wesen zur Linken.
Den Drachen in uns.

Du lehrest uns erkennen
Deine siegende Leuchtkraft in uns.
Mit dem Blitze Deines Schwertes,
mit dem Schlage Deiner Flügel
erweckst Du unsere schlafende Seele,
O Michael

November

Fährmann, führ das Boot ans andere Ufer
an das andere Ufer des kristallnen Stromes.
Wo die Menschen gehen in weißen Kleidern.
Wo die weißen Blumensterne
blühen auf der weiten blauen Halde.

Fährmann, nimm das Licht hinüber,
nimm das Licht und unsere bunten Kränze,
dass sie alle drüben fühlen
unser horchen, unser fragen
unser liebendes Gedenken.

Fährmann, komm und bring uns wieder
ihre Grüße und ihr Sehnen.
Lehr uns still und stark die Hände regen,
dass wir freudig ihre Taten wirken.
Lass in unserem Singen
ihre Stimmen mit erklingen
und durch unsere Augen
lass sie froh die bunte Erde schauen.

Bis der Himmel und die Erde
Wieder hell zusammen tönen
Als des einen Vaters großes Erdenhaus.

Du musst dem Tode in die Augen sehen,
Du musst an seiner Hand der harten,
die ersten kleinen Lebensschritte tun.
Der Tod ist Führer dir und Freund und Feind zugleich.
Doch ist der Weg auf dem du schreitest
der Heimatboden in der fremden Erdenwelt.
Du musst dem Weg und nicht dem Führer folgen.
Der Führer soll Geführter werden.

Advent

Sterne rufen aus den Höhen
Wege weisend durch die Nacht.
Menschen heben ihre Häupter
Horchend nach der Himmelswacht.

Und es fällt die große Stille
Nieder auf das Erdenrund.
Erde lauscht. Und Gottes Wille
tut sich allen Wesen kund.

Und die Füchse haben Gruben,
Vöglein sucht sein Nest im Baum.
Horch, es naht der Sohn des Menschen.
Wer gibt seiner Ruhe Raum?

Mütte

Neujahresspruch

Wir sind durch's Tor der letzten Mitternacht geschritten.
Hinter uns fiel es ins Schloss.
Kein Schlüssel kann es wieder öffnen,
Kein Menschenwille, keine Gottesmacht.
Gar dunkel liegt der Weg vor uns-
Wegzehrung tut uns not.
Wer bietet sie uns dar ?

Das alte Jahr buk uns ein Brot
Aus unseren Taten, und dieses Brot
Soll unsere Speise sein.

Das neue Jahr beut uns den Wein der Liebe.
Und dieser Wein soll unsere Labung sein.
Ein Mann muss fallen in dem Kampf,
Der zwischen Licht und Finsternis entbrannt.
Erst wenn aus allen Einer wird,
Ist uns der Sieg gewiss
Gott segne Brot und Wein.

E.S. Schmidt-Michaelis

Was die drei Könige sagen:

Erster König, Melchior:

Fern im Osten
suchet mein Reich.
Weisheit und Milde
herrschen zugleich.
Weisheit, die still
In den Pflanzen sich barg.
Weisheit der Tiere,
die zu mir sprach,
schloss ich in goldene Hülle ein,
um sie dem Christuskind zu weihen.
Menschliche Weisheit ist Torheit vor Gott,
Göttliche Weisheit tut Menschen not.
Göttliches Kindlein,
leuchte in mir,
all mein Denken entspringe in dir.

Zweiter König, Balthasar:

Mein Land ist reich an Gärten
mit schwerem, süßem Duft.
Buntfarbige Schmetterlinge
Und Vögel durchschwirren die Luft.
Die Wasser meiner Seen
erbrausen und wogen laut,
die Gipfel meiner Berge
hoch in den Wolken ihr schaut.
Ich bringe die Herzens Gluten
Dem heiligen Kinde dar.
Im Christuslichte verbrenne
mein Wesen ganz und gar.

Der heilige Rauch der Andacht
entsteige, wenn alles verbrannt,
und Menschen- und Gottesliebe
gehe auf über meinem Land.

Dritter König, Kaspar:

Ich schaue auf müh'volle Fahrten
Zu Wasser und zu Land.
Ich habe gekämpft und gestritten,
das Schwert in starker Hand.
Ich habe mit Riesen gerungen
und habe das Meer bekämpft,
ich habe Drachen bezwungen
und habe den Sturm gedämpft.
Ich irrte durch dunkle Wälder,
und durchstreifte der Wüste Sand,
ich bebaute verödete Felder
und armes, verwüstetes Land.
Jetzt bin ich ein Christusstreiter
und biete der Hölle die Stirn.
Mein Wollen gehört diesem Kinde,
ich bringe es dar in den Myrrhen.
Heilkraft entströme dem Wollen,
Wachheit sei mein Losungswort,
Tatkraft meines Herzens Pulsschlag
und Christus mein einziger Hort.

E.S.S.M

Anna Selbdritt und die Fragekinder

Ein Krippenspiel von E.S.S.M zu Weihnachten

Die Mutter Maria
Der Vater Josef an der Krippe
Die Großmutter Anna
Lesend im goldenen Buche
Die Fragekinder
Bei den Müttern im Saal.

Mutter Maria:
Kommt, Kinder, herauf!
Mein Kindlein hat euch gerufen.
Das Tor ist offen.
Das Krippenlicht brennt.
Und schön geschmückt sind die Stufen.
Bringt alle eure Kerzen mit.
Am Krippenlicht dürft ihr sie zünden
und wem eine Frage im Herzen brennt
wenn es den heiligen Namen nennt,
der Ahne dürft ihr sie künden. Sie wird die Antwort finden,
weil sie überm goldenen Buche saß,
das nie ein Mensch zu Ende las.
Das Christkind hat`s aufgeschlagen.
Kommt, Kinder, herauf.

(Die Mütter bringen die Kinder an die Stufen, Maria führt sie zur Krippe, Joseph ordnet sie im Halbkreis und lässt die Kerzen am Krippenlicht anzünden.)
Sie singen:
Schlaf, Kindlein süße
Die Engelein lassen dich grüße.
Sie lassen dich grüßen
und lassen dir sagen
dass sie dich werden ins Himmelreich tragen.

Schlaf, Kindlein, schlaf.

Schlaf, Kindlein: sause.
Das Kätzchen will nicht mehr mause,
das Hündlein will nicht mehr Häslein jagen.
Das wollen wir dem Großvater sagen.
Schlaf, Kindlein, schlaf.

Dann setzen die Kinder ihre Lichter ab und setzen sich ins Weihnachtsstroh um die heilige Anna.

Erstes Kind:
Wie alt – wie alt ist das Kindelein?

Die heilige Anna:
Heut ist es geboren – in diesem Jahr
Und lebte doch gestern und immerdar
Vor tausend und abertausend Jahr
Und leben wird´s ewig – ewig.

Zweites Kind:
Wie groß – wie groß ist das Kindelein?

Die heilige Anna:
So groß – so groß
Wie die weite Welt,
Denn in Ihm kreist ja das Sternenzelt,,
Und doch so klein – so klein –
Dein Herzchen könnt` seine Krippe sein.

Drittes Kind:
Wie schwer – wie schwer ist das Kindelein?

Die heilige Anna:

So leicht – so leicht –
wie ein Vogelflaum
und doch so schwer – so schwer
die ganze Erde wiegt weniger,
wenn Sankt Michael wiegt mit der Waage.

Ein Kind:
Was mag das Kindlein essen?

Die heilige Anna:
Es ißt von dem Brot das die Engel buken,
und will doch mit in dein Tellerlein gucken.

Ein Kind:
Was mag das Kindlein trinken?

Die heilige Anna:
Am Silberbrunnen lässt es sein Krüglein füllen,
und doch darf die Mutter auf Erden ihr Kindlein stillen.

Ein kleines Mädchen:
Kann das Kindlein auch weinen?

Die heilige Anna:
Es lacht, wenn du an der Krippe stehst.
Es weint, wenn du von der Krippe gehst.

Ein Kind:
Mit wem will das Kindlein spielen?

Die heilige Anna:
Es spielt mit der ganzen Engelschar,
die droben bei Ihm im Himmel war.

Und sucht nach Erdenkinderlein
so bös‘, so gut sie mögen sein.

Ein Kind:
Warum ist‘s vom Himmel herabgekommen?

Die heilige Anna:
Warum es vom Himmel herniederkam?
Weil im Dunkel wartet die ganze Erde,
dass es endlich – endlich heller werde.

Ein Knabe:
Kann das Kindlein auch stehen?

Die heilige Anna:
Gebündelt ist es in Windeln ein.
Die Gliederchen regen sich kaum.
Und steht doch aufrecht im Wolkenraum –
Die Sonne könnt` schöner nicht sein.

Der Vater Joseph:
Nun aber still !
Hört auf mit fragen !
Das andere wird euch die Mutter sagen.
Im Traume erzählen‘s die Engelein.
Müsst nur fein still vor dem Einschlafen sein;
Ganz still – ganz heimlich lauschen
Dann hört ihr Flügel rauschen.

Dann löschen sie Ihre Kerzen und gehen wieder zu ihren Müttern.

Zahlenspiele:

Das lustige Rechenspi
vom Einser

1946 Rittershain

Einser ist ein froher Wicht
Frank und frei und habe nicht.

Hängt er sich ein Säckchen an
Zehner heißt der kluge Mann.

Zwei Sack trägt er ganz verwundert.
Schaut, ich bin ja jetzt der Hundert.

Hast Du Kraft für drei, potztausend.
Ja, ich bin ja auch der Tausend.

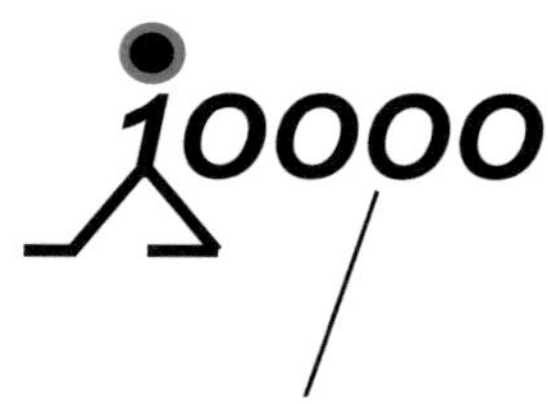

Vier Sack voll trägt Einser dort.
Zehntausender heißt er hinfort.

Sie hatte diese Strichmännchen für die Kinder gezeichnet

Sausender Brausender,
Hunderttausender,
fünf Sack trägst Du?

6 Sack rund und voll, mein Sohn
frißt die gierige Million

Mütte

Zahlenspiel

1.
Eins ist Urbeginn und Ziel
Eins ist wenig und doch viel.
Eins ist Ursprung aller Wesen
Alles muss zur Eins genesen.

2.
Ringlein sprang ent-zwei!
Freundschaft ist vorbei.
Zwietracht und Zweifel, zwei böse Brüder.
Ich und Du, wir suchen uns wieder.
Zwei Augen, die sehen,
zwei Füße, die gehen,
zwei Hände, die greifen,
zwei Lippen, die pfeifen,
zwei Ohren, die lauschen
zwei Flügel, die rauschen,
zwei Tränen, die kügeln
O Engel mit Flügeln,
komm schnell hergeflogen,
daß Frieden auf Erden
den Menschen soll werden.

3.
Leuchtet ein Sternlein über uns Zwei'n.
Komm, O Sternlein, zu uns herein.
Dass wir lustig tanzen zu Drei'n.
Dreifach wacht Gott über'm Sternengefild
Dreifach schuf Er das Menschengebild.
Dreifach preist Ihn das Blümchen zum Lohn
Mit Wurzeln und Blättern und Blütenkron.
Leuchtet ein Sternlein, zu uns herein,
dass wir lustig tanzen zu Drei`n.

4.

Erde, Wasser, Luft und Feuer
Sind vier starke Brüder.
Bauen auf die Erdenwelt
Reißen sie auch nieder.

In dem Steine schwer und dicht
Wohnt der kluge Gnomenwicht.

Nixlein schwimmt in Stromesschnelle
Mit dem Fischlein Flinkforelle.

Und die Elfe licht und leicht
Aus dem Blütenkelche steigt,
grüßt den Schmetterling, den freien,
spielen miteinander.

In den Feuerflammen funkt
Feuersalamander.

Erde, Wasser, Luft und Feuer
Sind vier starke Brüder.
Bauen auf die Erdenwelt
Reißen sie auch nieder.

5.

Auf der <u>Stirne</u> Sternenhelle
Gottes Licht zu denken.
In den <u>Füßen</u> Sternenkräfte
Meinen Schritt zu lenken.
In den <u>Händen</u> Sternensegen
Gotteslieb‘ zu schenken –
So bin ich ein Sternenbote
Gotteslob zu künden,
in der dunklen Erdenwelt
Sternenfeuer zündend.

6.
Sechskantig ist der helle
durchsichtige Kristall.
Das Bienchen baut die Zelle
Sechswandig überall.
Den Sechsstern zeigt die Lilie
auf ihrem Blütengrund
und kündet, dass auf Erden
einst wächst der Bruderbund.

7.
Hinter sieben hohen Bergen
Wohnt Schneewittchen mit den sieben Zwergen.
Sieben Geißlein will der Wolf, der böse , haben
Und das Schwesterchen sucht sieben Raben.
Sieben Tage zählt die Woche
Sieben Töne die Oktave.
Und auf siebenfarb'gem Bogen
Kommt der liebe Gott gezogen.
Sieben Bitten hat das Vaterunser.
Und der Herr am Kreuz sprach 7 Worte.
Zieh, o Mensch, die Schuh von deinen Füßen,
denn Du stehst am heiligen Orte.

8.
Kindlein, erwacht,
die Uhr schlägt acht.
Die Zeit verrinnt,
die Schul beginnt.
Kindlein, gebt acht.

Ich will achten auf des Lehrer's Worte
Still betrachten, was er tut.
Achten auch auf meine Pflichten,
achten auf mein Hab und Gut.

Wohl beachten alles Rechte
Und verachten alles Schlechte.
Unachtsamer tappt im Dunkel
wie bei Nachten
Mehr als alles will ich auf mich selber achten.

Die Uhr schlägt acht
Sternlein erwacht.
O Kind, zur Nacht
Gib auf den Himmel acht.
Gott hält die Wacht.

9.
Neun Stufen führen zu Gottes Thron
Und alle Engel steigen
Hernieder zu des Menschen Sohn
Ihm ihre Huld zu zeigen.
Neun Stufen steigt der Mensch hinan
Auf seiner Erdenreise,
bis er erlangt des Lebens Kron',
am Tor zum Paradeise.

1945 Rittershain

Sprechübungen

Bitte, Berta,bring den Bi- ba- Bogen buntes Packpapier.

Täubchen trinkt den Morgentau aus dem Tulpenbecher.

Piffig stolpert Piff paff Poltrie
Lampenputzers Treppe platt.

Daumerling und Däumelinchen
Dringen doch durch Dunst und Dickicht
Drunten dröseln dreißig Drachen
Drossel singt im Drudenbaum

Distelgrau, falterblau
Schau den Pflaumenbaum
Trau dem alten Zauberspruche
Lautlos rauscht der Traum.

Hinterm Hummel-Honig-Hügel
Bläst ein Hirt sein Hütehorn.
Herde heimwärts zieht am Hange
Windhauch hegt das Haferkorn.

Reite Rapunzel
Reite recht rücklings
Rudel von Rehen
Rücken heran.

[Anmerkung von Ingrid: Das weiß ich nicht, ob alles orginal Mütte ist und was sie evtl. aus der Sprachgestaltung entlehnt hat. Jedenfalls lebte es in Hessel oder Rittershain.]

Maria's Brunnen

Sonne blinkt
Vöglein singt
Brünnlein klingt...

Mutter Maria, keine der Tränen
die einst du auf Erden geweint
Gingen verloren. Alle vereint
schlummern im Schoße der Erde.
Nur in verborgenen Brünnlein
treten sie wieder zu Tage. Aber sie schwinden
woher sie gekommen, wenn keiner sie sucht.
Nur wenn ein Mädchen am Morgen
noch schlafestrunken,
vor der Quelle niedergesunken
mit ihrem Munde die Tröpflein fängt,
wird heiß und unstillbar ihr Sehnen,
zu lieben, zu sorgen und allen denen,
die leiden, Schmerzen zu wenden
mit Mutterhänden.
Aber der Sehnsucht Glut
schweigt erst, wenn in seligen Armen
am Mutterherzen, dem warmen,
ein eigenes Kindlein ruht.

Brünnlein klingt
Vöglein singt
Sonne blinkt
Schweige, du alte Sage.

1918 in Falkenstein E.S.S. M.

Sonnengesang des hl. Franziskus

erlebt im Herzen eines Gegenwartsmenschen
Meditationen empor-gewachsen aus den Lobpreisungen
des Sonnengesanges

Höchster, allwaltender, gütiger Herr!
Dein ist Lob, Preis , Offenbarung
Und jeglicher Opfergesang:
Geheiligt werde Dein Name. Matthäus 6 v.9
Als Punkt der Mitte des allumfassenden,
göttlich geistigen Umkreises
ertönt aus dem Dornbusch Dein Name:
Ich Bin, der Ich Bin.
Lehre uns, Herr, würdig zu werden,
Deinen Namen zu nennen.

I

Gelobet seist Du, o Herr,
durch unsere erhabene Schwester die Sonne.
Sie führet den Tag herauf,
sie schenket das Licht und das Leben.
Schön ist sie und strahlend,
ein Gleichnis von Dir, o Höchster.
Sie lässt die Pflanzen entkeimen,
spriessen und sprossen.
Sie lässt sie ergrünen
und farbig erblühen.
Sie lässt verwelken, verdorren, ersterben
und lässt die Früchte reifen.
Der Sonne Macht wandelt im Rebstock
Wasser in Wein.
Das Wort des Gottessohnes:
Ich Bin das Licht der Welt Joh.8, 12
es erklingt im Wirken und Walten der Sonne.
Die Sonne, sie senket den Tag in die Nacht;
sie spendet den Abendfrieden.
Sie gibt der Ruhe Raum.

II

Gelobet seist Du, o Herr,
durch den gestirnten Himmel.
Du hast die Sterne gesetzt
nach urewigen, unwandelbaren
Gesetzen himmlischer Ordnung,
offenbarend das Walten Deiner Güte, denn:
<u>Deine Güte reicht so weit der Himmel ist</u>
<u>und Deine Güte währet in Äonen</u>.
Gelobet seist Du
durch den <u>Mond</u> und die <u>Wandelsterne</u>.
Sie ordnen den Zeitenlauf,
sie begleiten den Menschen
durch sein Leben,
ihre Kräfte ihm schenkend.
Sie werden zu Brüdern des Menschen.

III

Gelobet seist Du, o Herr,
durch <u>Luft</u>, <u>Wolken</u> und <u>Winde</u>,
durch heiteres und trübes Wetter,
durch des Himmels Bläue.
Gewaltig ertönt Deine Stimme
in Donner und Blitz.
Gar lieblich Dein Erquicken im Morgentau.
Die Erde atmet ein,
die Erde atmet aus,
im Jahreszeitenreigen, im Tageslauf.
Luft wird zum Licht des Lebens.
Im Licht des Lebens atmet Gottes Hauch.
Luft wird zu Geist, Geist wird zu Luft.
<u>„Lass dich nicht wundern, dass ich</u>
<u>Gesagt habe: ihr müsset geboren werden</u>
<u>Aus Wasser und Luft (pneuma)</u> Joh.3 v.7

IV

Gelobet seist Du, o Herr,
durch unsere Schwester das <u>Wasser</u>.

Keusch ist es, kostbar und kühl.
Es strömt und staut sich,
und strömt von neuem strebend
zur Mündung ins weite Meer.
Es löst und bindet,
erweicht und durchdringt,
reinigt und kräftigt,
und erhärtet vereisend im Hagelkorn und Gletscherkristall.
Du, o Herr, batest am Brunnen:
Gib mir zu trinken.
Du wuschest den Jüngern die Füsse,
und vom Kreuz herab
ertönt der Ruf der Qual:
„Mich dürstet".

V

Gelobest seist Du, o Herr,
durch unseren Bruder das Feuer.
Es flammt in der Finsternis,
vertreibt den Frost, Wärme schenkend.
„...und was des Feuers Macht erfasst,
bleibt weder Unform noch Erdenlast.
Verflüchtigt wird es und unsichtbar,
Eilt hinauf, wo einst sein Anfang war." (Goethe)
Im Anfang ist Urwärme-Element Feuer.
Urelement der Schöpfung.
Wärme durchzieht Luft, Wasser und Erde.
Wärme ist Offenbarung göttlich wirkender Güte.
Denn Deine Güte wirket in Äonen.
Lebenswärme bildet das Vögelein im Ei,
Lebenswärme entströmt der Blumenblüte.
Seelenwärme weckt Licht und Leben.
Geistesfeuer erschafft die Umwandlung der Erde.
„Ich bin gekommen, ein Feuer anzuzünden auf Erden:
Was wollte ich lieber, es brennete schon."   Luk. 12 v. 49

VI

Gelobet seist Du, o Herr,
durch unsere Schwester, die Mutter Erde.
Gelobet bist Du durch Berg und Tal
und tiefe Ebene, durch grüne Wiesen und Felsenschlucht.
Gelobet bist Du durch sprudelnde Quellen
und fliessende Ströme,
durch blaue Seen
und stille Teiche,
in denen die Sterne sich spiegeln.
Gelobet durch Schönheit
und Schatten schenkende Wälder,
durch Laub- und Nadelgehölz,
durch Früchte tragende Bäume und Sträucher.
Gelobet seist Du o Herr,
durch alle Deine Geschöpfe:
durch Bruder Wolf und die wilden Tiere des Waldes,
durch Bruder Stier, Schwester Kuh
und die friedsamen Herden der Schafe,
durch Schwesterlein Lerche und alle gefiederten Sänger,
durch Falter, Fröschlein und Fische,
durch Biene und Regenwurm.
Krank ist geworden, die Mutter Erde,
krank durch Menschenschuld.
Wir müssen sie heilen durch Lebensmächte,
Herzenswärme und Geistesfeuer
In tiefem Vertrauen zu neuem
Erblühen und Werden.
Siehe Ich mache alles neu. Offenbarung
Gepriesen seist Du, o Herr,
durch den Menschen,
den Du nach Deinem Bilde geschaffen.
Aufrechten Ganges schreitet er über die Erde,
erschauend und denkend
nennt er die Dinge mit Namen:
fühlend im Herzen Freude und Schmerz.
Wollend schaffen seine befreiten Hände
das Geschaffene um.
Aus Eisen schmiedet er Pflugschar und Schwert,

durch Erde, Wasser, Luft und Feuer
wandelt er Korn in Brot.
Selig der Mensch, der baut,
liebewärmend lebt, pflegt und heilt,
der reinigt, wandelt und einet
als Träger des Friedens.
Wehe dem, der Leben vernichtet,
Stoffe zerstäubt, Zwietracht und Zweifel säet.
Gepriesen bist Du, o Herr,
die in Deiner Liebe vergeben
und lobend und dankend
Schwachheit und Trübsal ertragen,
Du wirst sie krönen.
„Sei getreu bis in den Tod,
so will ich Dir die Krone des Lebens geben! Offenb.2 v. 10
Durch Bruder Tod
bist Du gepriesen, o Herr,
Er schreitet mit dem Menschen
durch das Leben Schritt um Schritt.
Auf der Erde führt das stete
„Stirb und Werden"
Unseren Weg ins Weltensein.

Im Sterben erreift das Weltenwalten.
In Christus wird leben der Tod.
Lob, Preis und Ehre
sei der göttlichen Dreifaltigkeit
dem Vater
dem Sohne
dem Heiligen Geiste
Wir danken, Dich lobend und preisend,
Dir dienend in Klarheit und Demut

Du bist
Ich bin
Du bist

Amen

<u>Sonnengesang des hl. Franziskus</u>
aus dem Lateinischen übersetzt.

Höchster, allmächtiger, gütiger Herr !
Dein sind Lob, Ehre und Preis
Und alle Offenbarungs-Herrlichkeiten.
Du allein bist es, dem sie gebühren,
und kein Mensch ist würdig,
dich mit Namen zu nennen.

Gepriesen wirst Du, Herr mein Gott,
durch alle deine Geschöpfe,
und besonders durch unsere
erhabene Schwester, die <u>Sonne</u>,
die den Tag heraufführt
und uns erleuchtet mit ihrem Licht.
Schön ist sie und strahlend,
voll großen Glanzes,
Deines Wesens Abbild trägt sie, o Herr.
Gelobet sei mein Herr,
durch unsere Geschwister,
den <u>Mond</u> und die <u>Sterne</u>,
die er schuf am Himmel
leuchtend und schön.

Gelobet sei mein Herr
Durch unsere Geschwister
<u>Luft</u>, <u>Wolken</u> und <u>Winde</u>,
des Himmels heiteres Blau,
der Jahreszeiten Reigen,
durch die er allen Geschöpfen
des Lebens Unterpfand spendet.

Gelobet sei mein Herr,
durch unseren Bruder, das <u>Wasser</u>,
denn es ist sehr nütze,
demütig, kostbar und keusch.

Gelobet sei mein Herr,
durch unseren Bruder, das Feuer,
durch das er die Nacht erhellt,
rötlich und goldgelb flammt es und sprüht,
unbezwingbar, in läuternder Schärfe.

Gelobet sei mein Herr
Durch unsere Mutter, die Erde,
die uns trägt und erhält
und vielerlei Feldfrucht hervorspriesen lässt,
und mannigfarbige Blumen und Kräuter.

Gepriesen seist Du, o Herr,
durch jene, die aus Liebe zu Dir
den Schicksalsprüfungen nicht widerstreben
und geduldig ertragen
die Unbeständigkeit und die Stacheln des Lebens !

Selig jene, die ihren Weg
In Herzensfrieden vollendet haben !
Denn Du, o Höchster,
wirst sie einst krönen.

Gepriesen seist Du, o Herr,
durch unseren Bruder, den leiblichen Tod !
Kein Lebender kann ihm entrinnen.
Weh dem, der in einer Todsünde stirbt !
Selig jene, die in der Stunde
des Todes im Einklang gefunden werden
mit deinem allerheiligsten Willen,
denn der zweite Tod
kann ihnen nichts antun !

Lobet, preiset und danket
all ihr Kreaturen,
und dienet meinem Herrn
in demutsvollem Aufschauen
zu Ihm !

Johannes Senfft von Pilsach und was durch seine Person auf Gut Hessel lebte.

Das Foto zeigt Johannes anläßlich eines Erkundungsganges oberhalb der Hessellücke, mit Reinhard, auf der Suche nach alten Grenzsteinen des Königreiches „Kur-Hessen 1831“.

Vier Phasen aus meinem Lebenslauf auf zwei bio-dyn.-Höfen

1) Geburt am 13.5.1931 auf dem Eschenhof

2) Erste Phase auf Gut Hessel von 1936-38

3)Zweite Phase auf Gut Hessel von 1942-45

4) Dritte Phase auf Gut Hessel von1990-2008

1. **Geburt:**
   Der erste Hof von Familie Martin und Emmi Schmidt wurde bald nach meiner Geburt verkauft. Meine Eltern, Erika von Hodenberg und Hans Jürgen Senfft von Pilsach hatten auf dem Eschenhof geheiratet, 3 Kinder, Ernst Ulrich, Christiane und ich wurden auf dem Eschenhof geboren.

2. Erste Phase auf Gut Hessel:

Das „Rittergut“ Hessel erwarb Martin Schmidt 1936. Der Hof wurde 2 Jahre lang von meinem Vater bewirtschaftet und auf bio-dyn. umgestellt. - Ich war 5-7 Jahre alt.
2 Erlebnisse aus diesen Jahren:

Wir sitzen auf dem Hof vor der Waschküche und entzupfen Johannisbeeren. Ich zu meiner Mutter:“Münne“: „Ich habe gar keine Lust mehr, aber diesen Korb mach‘ ich noch fertig!“

Samstagnachmittag: wir Kinder kehren den Großen Hof. Es dämmerte schon, ich werde vermißt. „Wo ist denn der Kleine?“
Der stand am oberen Hofende und kehrte immer noch grimmig vor sich hin.

Im Sommer 1938 wurden die Waldorfschulen geschlossen. Familie Schmidt zieht auf die Hessel, Martin Schmidt übernimmt den Hof selbst, und Familie Senfft zieht nach Dresden. Rudolf Hess hält die Hand schützend über die Dresdner Waldorfschule. Aus vielen Städten ziehen Schüler nach Dresden, worauf meine Eltern für ca. 15 Schüler eine Schülerpension aufmachten, die von meiner Mutter geleitet wurde. Die Dresdner Waldorfschule existierte nochmals 3 Jahre – Rudolf Heß flog im Mai 1941 nach England. Sofort wurde die Schule geschlossen, die Christengemeinschaft verboten, und der Rußland –Feldzug begann. Dies alles erzählte mein Vater der Hausgemeinschaft bei einer sonntäglichen Wanderung im Erzgebirge. Wir waren, meine Familie 5 Personen, zusätzlich ca. 15 Pensionsschüler aus diversen Städten, sehr betroffen. Diese väterliche Ansprache brachte mir 10Jährigem eine verschwommene Ahnung von den dunklen Wolken, die sich über Europa und der ganzen Welt zusammenballten. Ein Jahr später erlebte ich während meiner 1-jährigen Gymnasiums-Schulzeit die Scheidung meiner Eltern. Mutter zog mit uns Kindern wieder nach Hessel zurück im Frühsommer 1942.

3. Zweite Phase auf Gut Hessel:

Ich ging mit meiner Schwester Christiane und weiteren drei Hessel-Schulkinder in die 1-klassige Wiesenfelder Dorf-

schule. Der Lehrer musste zwei Dörfer versorgen, deshalb hatten wir nur an 3 Tagen der Woche Unterricht.
Es begann eine 3 jährige, intensive und erlebnisreiche Jugendzeit (11- 14 Jahre) in diesen letzten Kriegsjahren. Sie war u. a. geprägt durch viele junge Menschen, die Vater Martin auf die Hessel geholt hatte, weiterhin die gefangenen Polen und Russen, die überdurchschnittlich gut mitgearbeitet haben. Sie wurden gut behandelt, deshalb haben wir nach Kriegsende keinerlei Plünderungen erlebt, wie sie zahlreich auf anderen Höfen vorgekommen sind.
Wir Schulkinder wurden zur Mithilfe in der Landwirtschaft herangezogen, z.B. beim Rüben-Hacken und vereinzeln, beim Disteln stechen, in der Getreideernte beim Pferde führen, beim Kartoffellesen usw.. Hessel hatte sich zu einem Kulturzentrum entwickelt, in dem Frau Schmidt, genannt „Mütte", eine führende Rolle hatte.
Unvergesslich sind mir die Sonntagsstunden und die abendlichen Kriegsandachten. Es waren kurze Andachten für die an der Front kämpfenden und gefallenen jungen Männer. Weiter sind mir die Jahresfesteszeitengestaltungen noch in lebendiger Erinnerung. Vieles davon hat sich in unserem eigenen Familienleben fortgesetzt.
Im großen Weihnachtszimmer wurde auf drei Tischen nebeneinander eine große erdumspannende Krippenlandschaft gestaltet, von der eisigen Polarzone bis zum Wüstensand. Da lebten von den Eisbären bis zu den Kamelen, dazwischen in der gemäßigten Zone viele Tiere, die in den heiligen zwölf Nächten auf die Krippe zuwanderten und schließlich in ihre Heimat zurückkehrten. Unter der Krippe zwischen den Tischbeinen konnten wir Kinder in den sogenannten Puckchenhöhlen mit den Zwergen spielen. Vor der Krippe lagerten sich abends alle, die wollten, auf dem Stroh, während Mütte Weihnachtsgeschichten vorlas. An manchen Abenden versammelten wir uns im Schafstall und sangen für alle Tiere des Hofes. – Müttes Krippenfiguren haben uns bis nach Pommoissel begleitet.

Weitere Erinnerungs-Streiflichter stichwortartig:

- Mit der 300 köpfigen Schafherde, Rose Ziemendorf und den Hunden Nette und Mischka auf dem Schlittstein, ein heißer Sommertag ohne was zu trinken!! Großer Durst. In den Sommerferien helfen beim Pferch umstellen.

- Mit dem Bollerwagen 6 km bergauf und ab zum Bahnhof Krombach; holen und bringen von Mitarbeitergepäck (12-13 Jahre alt)
- Im dichten herbstlichen Morgennebel als Mutprobe bis zum Hessel-Lücke –Wald gelaufen.
- Mein Bruder Ernst-Ulrich, 16 J., pumpte Jauche von Hand aus der Grube in den Jauchewagen. Er ist 18 jährig vor Posen im März 45 verschollen. 1963 wurde er von meinen Eltern für tot erklärt.
- Wildkirschen essen im Schweineauslauf. Wir Jungs saßen im Baum und unter uns tummelten sich die Schweine kirschkernknackenderweise.
- 6 zerbrochene Abendbrot-Teller beim in die Küche tragen brachten mir folgende Strafe: 6 Wochen großen Abendabwasch bis zur Flucht Anfang Juli 1945.
- Nach dem Fliegerangriff am Karsamstag wurden Mütte, die Kinder und meine Mutter Erika in das Waldhäuschen umquartiert. Ich erinnere mich, mehrmals für ca. 20 Leute Mittagessen vom Hof unten ins „Müttehäuschen" raufgebracht zu haben. Eine Mutprobe bei der Fliegertätigkeit am Himmel.

- Unvergessen Müttes Unterrichtsstunden: z.B. die Amerika-Epoche. Mütte hatte eine Abneigung gegenüber Amerika und überwand diese, in dem sie sich gerade intensiv mit diesem Land beschäftigte. Dadurch wurde es für uns Schüler so erlebensreich, daß ich bis heute zwei Gedichte mit Freude auswendig sprechen kann. Das eine „John Maynhard", der sein Schiff über den Erie-See jagt – Feuer bricht aus, er hält das Steuer, alle gerettet, nur einer fehlt, John Maynhard (von Theodor Fontane). Das andere Gedicht ist von J.W.v. Goethe. „Seht den Felsenquell" in dem ein ganzer Flußlauf von felsiger quirliger Höh´ bis in den Ozean in herrlicher Sprache beschrieben wird. Das verband uns mit dem Mississippi – Missouri und dem Amazonas.

- Zu meinen Erlebnissen am Kriegsende und der Flucht siehe u.a. das Tagebuch von Martin Schmidt Seite 19-21 die hier folgen:

21.3.1945
Karsamstag Morgen 9.10h werfen amerikanische Jagdbomber 5 schwere Bomben auf Hessel, ein Benzinkanister setzt den Heuboden über dem Schweinestall in Brand. Die beiden jungen Stuten „Ostra“ und „Fallada“ sowie die alte „Rahel“ werden auf dem Acker von den Fliegern erschossen. Das einjährige Fohlen „Elke“ springt aufgeregt im Wasserhof herum und entgeht dadurch den in die untere Wiese gehenden Schüssen, wie Herr Vögele berichtet, der den Angriff vom Waldrand aus beobachtete. Von den 5 Bomben fielen auf 12a und 12b, eine in den Wasserhof, wo sie in 1/2m Tiefe auf Felsen aufschlägt und dadurch das Forsthausdach stark beschädigt. Die 4. Bombe fiel auf den Weg vom Kotten auf den Schlag 1b, die 5. in den Forsthausgarten, wobei sie die Wasserleitung zerschlug. Beide Bomben explodierten nicht und bewahrten so Forsthaus und Kotten vor der Vernichtung. Da mit weiteren Angriffen zu rechnen ist, baut Herr Vögele unter der Eisenbrücke im Abflussgraben des Bodensees einen Bunker, in dem jede Nacht 12- 15 Personen schlafen und sich tagsüber bei Angriffen dort aufhalten. An den Felswänden des „Bodensees“ werden aus den Blechtüren der Hochscheune drei Schutzdächer für Koffer, Wäsche und Betten gebaut. Der Schäferkarren wurde in den Wald bei der C-Koppel gefahren und viele Vorräte dort untergebracht, auch der Bodensee-Eiskeller wurde mit Sachen vollgestopft. Die Kartoffeln aus dem Hofkeller wurden an verschiedenen Stellen im Garten vergraben, dafür sämtliche Sämereien aus dem Kornboden im Hofkeller untergebracht. Im übrigen dient der Hofkeller als Luftschutzkeller für diejenigen, die tagsüber im Haus und in den Ställen sein mussten. Auch Familien Klein und Kowallek kamen dorthin mit ihren Sachen, soweit sie nicht im Kottenkeller verstaut waren. Außer den 3 Pferden gingen keine Tiere verloren, der Heubodenbrand konnte zwischen den Brandmauern eingedämmt werden.

1.4.1945, Ostern
Unbekümmert um die äußeren Ereignisse feierten wir die Osterandacht im alten Schafstall.

4.4.1945
Da die Front immer näher rückt, beraten wir abends in meinem Zimmer, welche Maßnahmen wir in den nächsten Tagen noch

ergreifen müssen. Da meldet ein Unteroffizier, dass er 50 Schuß 15 cm Haubitzenmunition am Hof abgeladen hat (sie lagern an Glocks Hauswand).
In der Nacht kämen noch die Geschütze aus Allendorf herauf mit 10 Gespannen, und ab nächsten Mittag müsse mit Schießen von Hessel aus gerechnet werden. Es blieb nichts übrig, als bis dahin das Vieh, Futter und Essvorräte so weit wie irgend möglich vom Hof weg in den Wald zu schaffen. Es ging sofort los und wurde die ganze Nacht durchgearbeitet. Die Mädchenkolonne unter Ermuthes Führung brachten die Sachen, soweit die Mädels sie tragen konnten, zum Schäferkarren in den Wald. Die schweren Teile wurden gefahren. Die anderen Gespanne brachten alles Getreide in den Wald beim Waldhäuschen. Dort wohnten schon die Kinder zusammen mit Erlein und Frau Helmigk. Sie war am Samstag mit 3 Kindern mit dem letzten Zug, ehe die Brücken gesprengt wurden, unverhofft in Hessel erschienen. Zusammen mit Frau Schmidt, Hildes Mutter, wohnten schließlich 23 Personen im Waldhäuschen.

5.4.1945
Herr Vögele baut oben am Waldhäuschen aus Getreidesäcken einen Bunker, das „Kornhaus“, der mit schnell gefällten Buchenstämmen als Balkenlage und den braunen Wagenplanen abgedeckt wird. Die Geschütze konnten trotz 10 Gespanne nicht durch den Wald heraufkommen, so haben wir Zeit gewonnen. Bei diesen Transporten halfen uns die beiden Grauschimmel. Mit Ihnen waren die Kassler Herren Weber, Schmalz und Frense auch am Karsamstag plötzlich erschienen und baten sehr um vorübergehende Aufnahme. Man darf nicht vergessen, dass die 3 Herren selbst jeden Tag unermüdlich mithalfen bei allen vorkommenden Arbeiten. Herr Schmalz hütete täglich die Kühe mit in der Talschlucht, wohin sie jeden Morgen schon um 8 Uhr ausgetrieben wurden. Jetzt wurde auch der Pferch für die Schafe aufgeschlagen, oberhalb der Fichteschonung unter den großen Buchen. Für die Kühe, Rinder und den Bullen wurde in der Talschlucht oben am Eckernhölzchen beim Hochstand ein Anbindestand aus Erntewagenleitern gemacht. Heu und Rüben wurden in die Talschlucht gefahren und Hafersäcke zwischen das Gerüst des Hochstandes gepackt. Der Schlepper stand im Eckernhölzchen vor dem Eingang zum Schlag 17 hinter der dicken Buche und so auch andere Maschinen im Walde verteilt. Asta und das Fohlen blieben meist unten im Schutz dicht bei den Bodenseefelsen. Nach getaner Arbeit kamen die anderen Pferde in den Glaswald, dort in den Mulden der steilen Wand und ein

Fuder Heu dazu. Die Schweine waren teilweise im Auslauf, bei starker Fliegertätigkeit aber im Stall.

6.4.1945
Nochmals Ruhe vor den Fliegern, da es regnet. Wir hören viel Artilleriefeuer und Sprengungen.

7.4.1945
Sonniges Wetter, von morgens an starke Fliegertätigkeit, Hessel bleibt aber verschont. Alles Vieh ist schon früh weg vom Hof. Nur wenige haben noch im Haus geschlafen. Mittags kommt ein Artillerieaufklärer 3 x langsam über den Hof geflogen. Beim dritten Überflug hat Georg Wilhelm vor dem Hoftor die weiße Fahne geschwenkt. Vielleicht hat deshalb die amerikanische Artillerie Hessel nicht beschossen. Wiesenfeld wurde abends beschossen. In der Nacht zum 8.4. zieht eine Militärkolonne von Volkerode über Hessel nach Wiesenfeld. Vom Volkeröder Tal aus beschießt deutsche Artillerie die Amerikaner – wohl im Werratal. Abends und nachts kommen Fallschirmjäger, die sich in Hessel sammeln sollen. Spät kommt ein Auto mit dem Kompanieführer, ein vernünftiger Leutnant. Er bittet einen Raum als Gefechtsstand, ich stelle ihm mein Arbeitszimmer zur Verfügung. Er schläft dann auf der Couch, 2 Soldaten bei ihm auf dem Fußboden, die übrigen in der Hofscheune und dem Pferdestall. Der Leutnant stellt verwundert fest, dass nur ein Bruchteil seiner Leute in Hessel erschienen ist.

8.4.1945
Da die Soldaten, wie zunächst angekündigt, nicht abrücken, stelle ich auf Befragen fest, dass auf neuen Befehl die Amerikaner im Hesseltal aufgehalten werden sollen. Wir müssen also nochmals mit der Zerstörung des Hofes rechnen. Nachdem ich dem Offizier ein gutes Frühstück bringen lasse, spreche ich mit ihm über die Möglichkeit, den Hof mit seinem wertvollen Zuchtvieh nicht in die Verteidigungslinie einzubeziehen. Um Vieh und Gebäude zu retten. Ich zeige ihm das Vieh, der massige Bulle „Herodes“, den ich ihm auf dem Hof vorführe, beeindruckte ihn sichtlich. Ich habe den Eindruck, dass er versuchen würde, Hessel zu schonen. Außer den Soldaten sind gegen Mittag nur wenige Menschen noch auf dem Hof. Man hört viel Schießen aus dem Tal von Ershausen und hat den Eindruck, dass dort die amerikanischen Panzer Richtung Heiligenstadt weiterziehen.

Hier endet das Tagebuch von Martin Schmidt.

Am Sonntagabend, den 1. Juli 1945 kam Herr von Späth, ehemaliger Ostpreußischer Gutsbesitzer, der durch die Kriegswirren in Hessel gelandet war, und berichtete: „Die Russen sind bereits in Heiligenstadt, morgen Vormittag muß der Hof geräumt sein.“ Nach einer Nacht hektischer Aktivitäten setzte sich ca. um 10 Uhr der ganze Treck über die Hessel-Lücke und dem [Höhenzug] Gobert Richtung Kleinvach im Werratal in Bewegung: Eberhart mit dem Holzvergaser-Traktor und 2 großen Anhängern, Vater Martin und Mütte in einer mit Pony-Pferdchen bespannten Kutsche, einer Kolonne von ca. 60 Menschen, darunter 6 polnische und russische Kriegsgefangene zu Fuß, Rose Ziemendorf mit der großen Schafherde, 4 Pferdegespanne mit großen Planen bespannten Leiterwagen. Während unseres Aufbruchs waren Volkeröder Zimmerleute dabei, das zerbombte Dach über‘m Schweinestall zu Ende zu decken. Die Schweine u. Kühe blieben auf dem Hof zurück. Inzwischen aber hatte mein Vater, der in Göttingen verwundet im Lazarett lag, zu dem US-Kommandanten von Witzenhausen Kontakt aufgenommen. Der schickte tatsächlich, obwohl die Russen schon so nahe waren, 2 LKW´s nach Hessel um die Kuhherde in den Westen zu holen. Nur der Zuchtbulle Herodes mußte zurückbleiben. Er wurde später im Auftrag der russischen Hofbesatzung von einem Wiesenfelder geschlachtet und von den Russen vertilgt.

- Nach 15 km Marsch über die nahe hessische Grenze erreichten wir das Dorf Kleinvach an der Werra, wo wir auf dem Dorfanger unser erstes Nachtquartier als Wagenburg aufschlugen. Ein Teil der Leute schlief in den Planwagen im Heu, einige schliefen bei den Bauern auf dem Heuboden. Wir blieben 5 Nächte. In dieser Zeit war Vater Martin ständig unterwegs bis nach Kassel auf der Suche nach einer neuen Bleibe. Am 7 Juli zogen wir weiter nach Solz, wo wir 2 Wochen dicht gedrängt auf dem Fußboden einer Baracke des ehemaligen NS-Fliegerhorstes der Segelflieger untergebracht waren. Inzwischen hatte Martin den Hof Hambach bei Hessisch-Lichtenau gefunden. Dieser Hof eines NS-Besitzers wurde ihm als Treuhänder übergeben.

Eine Kerntruppe der Hesseler Gemeinschaft übernahm die Arbeit auf Gut Hambach. Die anderen fuhren in ihre Heimatstädte zurück. Einige, darunter Erdmuthe, die jüngste Tochter von Schmidts, erkrankte dort an der infektiösen Gelbsucht. Als Folge blieb bei ihr eine lebenslange Herzkrankheit zurück.

- Ich bekam die Krätze, mußte aber trotzdem beim Dreschen helfen – juck juck aua! Abends wurde ich mit einer stinkenden schwarzen Salbe eingeschmiert, - und drüber das Nachthemd. Am nächsten Morgen ging's dann wieder in den Staub hinter der Dreschmaschine!!
- In der Adventszeit gründete im Schloß Rittershain Emmi Schmidt ein Kinderheim für behinderte Kinder und Kriegswaisen. Wir, Mutter, Schwester Christiane und ich, sowie Magdalene Hofmann („Ma" genannt), folgten Mütte nach Rittershain (knappste Nachkriegszeit mit Hindenburglichtern, ohne Strom). Von hier aus nahm meine Mutter Kontakt zur Stuttgarter Waldorfschule auf, die bereits im Herbst 1945 wiedereröffnet worden war.
- Damit trennte sich die Restfamilie Senfft aus der nahen Verbindung mit Familie Schmidt.

4. Dritte Phase auf Gut Hessel 1990-2008:

5 Jahre vor Beginn meiner 3.Hesselzeit beginnt in der Weihnachtszeit 1984 während Eberharts Aufenthalt im Paracelsus-Krankenhaus in Unterlengenhardt meine erneute Beziehung zu ihm. Eberhart besuchte uns jeden Abend. Wir kannten uns seit der Kindheit, hatten aber vorher kaum miteinander zu tun. In diesen Weihnachtsabenden entstand die 1.wirkliche Begegnung zwischen uns. – Georg Wilhelm, der Bruder von Eberhart, besuchte uns während seiner Außendienstzeit in der Fa. Weleda, anfangs der 70er Jahre in Bad Soden/Ts und motivierte mich, in die Firma Weleda zu kommen. Später, als Geschäftsführer des Paracelsus-Krankenhauses von Unterlengenhardt, holte mich Georg Wilhelm 1976 als Verwaltungsleiter ins Paracelsus-Krankenhaus. – Leider blieb zwischen Georg Wilhelm und mir eine gewisse Fremdheit zurück, obwohl wir mehr mit ihm als mit Eberhart zu tun hatten.

Kurz nach der „Wende“1989 fuhr Eberhart in seine seit 40 Jahren nicht mehr gesehene Heimat. Und wen traf er auf dem Hesselgrund als erstes? Vater und Sohn Mock. Als der über 2 Meter große Mann sich aus dem Auto erhob, sagte Vater Mock: „Ist es der Georg oder der Eberhart?“ Irgendwann danach fragte mich Eberhart, ob ich beim Aufbau von Gut Hessel teilnehmen möchte. Ich kam dann zu Eberharts erster Rede ins Wiesenfelder Gasthaus, wo er die Absicht kund tat, Hessel wieder aufzubauen. Kurz danach beteiligte ich mich dann an der Gründung des gemeinnützigen Vereins „Gut Hessel“. Daraus wurde eine 17 jährige Zusammenarbeit mit Eberhart, Gabi und Peter Mock bis ein Jahr nach Eberharts Tod im Juli 2007.

Ein Jahr danach schied ich aus der praktischen Arbeit und dem Vorstand des Hesselvereins aus. Gleichzeitig übernahm Manfred Boblitz die Geschäftsleitung im Hessel-Verein

Das Bild zeigt die notarielle Unterschrift in Erfurt zur Übernahme des Hofgrundes von der staatlichen Verwaltung BVVG.am 21.Juli 2008
Von Links nach Rechts: Peter Mock, Dr. Lingenberg, Rainer Künast , Johannes Senfft von Pilsach

Bis zu seinem Tod war Eberhart der Hauptinitiator des Hessel-Impulses. Er wohnte nur 60 km entfernt, ich aber wohnte ca. 400 km südlich. Ich kam nur in größeren Abständen auf die Hessel um die Vereinsbuchhaltung zu machen. Zu den wichtigsten Anlässen war Eberhart sehr oft auf der Hessel. Der Vorstand wurde in größeren Abständen von einem 7 köpfigen Initiativkreis begleitet.

Am Aufbau der Sozialarbeit im „Grünen Haus“ war ich intensiver beteiligt, sowie eine zeitlang auch an den Gesprächen mit Herrn Lutz. Zwischen ihm und Eberhart habe ich eine gewisse Zeit vermittelt.

Der Gedenkstein zum Tod von Eberhart Schmidt

Erinnerungen an einige wichtige Stadien der 17 jährigen Arbeit:

- Aufbau der Walsh Black Herde und später der Fleckviehherde durch Peter
- Diverse Baumaßnahmen: Schweinestall, erste Halle mit Melkstand
- Mitarbeit durch Otto Gutsch und seine Erfahrung u.a bei der bio-dyn. Düngung
- Aufbau der Käserei und des Gelben Hauses
- Jahrelange finanzielle Unterstützung durch Herrn Lutz, u.a. zum Ausbau des Grünen Hauses
- Sozialpädagogische Arbeit im „Grünen Haus“: Ära Rene´ Dutschke, Wiebke, Brigitte …Tobias, Heiko, Anja …, Umgestaltung in ein Mehrbettenhaus usw.

- Aus Bingenheim gespendete Baracke und deren Umbau; Übernahme des Bauholzes aus dem Kassler Zentrum Wilhelmshöhe.
- Bau der 2.Halle (Rundholzhalle) [Anmerkung von R. Grüninger: besonders gefährlicher Körpereinsatz durch Peter Mock im Nebel, Kälte und den glittschigen Rundholzbalken,. Diesen Einsatz habe ich selbst erlebt.] und der; Bau des Löschteiches;
- Sanierung der Wasserleitung durch Michael Pechmann mit einer Gruppe junger Menschen; Übernahme des Jahreskalenders durch Pechmanns in Familienarbeit
- Besuch von Ministerpräsident Vogel; Auszeichnung für Gabi für ihren Schmand und Peter für seine Schweinezucht
- Übernahme und Umbau des ehemaligen Konsums durch Gabi und Peter Mock.
- Übernahme der Vereinsverwaltung durch Manfred Boblitz, der u.a. durch die Zusammenarbeit mit Förster Steffan die Waldkaufaktion durchgeführt hat.
- Durch Eberharts erfolgreiche Bemühungen um die Finanzierung konnte unmittelbar nach Eberharts Tod ein Großteil der ehemaligen Hessler Ländereien vom Land Thüringen erworben werden. – Die Unterschrift unter den Kaufvertrag in Erfurt (siehe Bild auf Seite 61) war meine letzte Amtshandlung als Vorstandsmitglied des Hessel-Vereins, zusammen mit Peter Mock und Manfred Boblitz.
- Eberharts Tod im Juli 2007 war ein tiefer Einschnitt für alle Beteiligten an der Wiederbelebung des Hessel-Impulses. In diesem Impuls steckt noch ein großes Potential an Zukunftsaufgaben.
- Dorothea Schmidt verzichtet auf das Erbe zu Gunsten von Hessel in Abstimmung mit der Erbengemeinschaft.
  Das ist wahrhaft eine sehr bemerkens - und dankenswerte Tat mit Zukunftspotential.

Dorthea Schmidt mit Tochter Erda-Maria Didszun

Eberhart Schmidt (Bild aus dem Vereinsheim)

Anmerkung von R. Grüninger: Eberhart Schmidt hat schon während der begleitenden Aufbauarbeit einen anfänglich sechsstelligen Beitrag in Gut Hessel privat eingebracht. Umso mehr ist der Verzicht der Erbengemeinschaft zu würdigen.
Der tiefe Sinn für die Aufgabenstellung einer zukünftigen Bewusstseinskultur kommt hier wohl zum Ausdruck – siehe meine Anmerkung auf Seite 16-17.

Natürlich sind alle mitfühlenden, mitdenkenden und tatkräftig wirkenden Hände nicht zu übersehen.

Besonders aber an dieser Stelle ist das Jahrzehnte lange Wirken am Neuaufbau des wieder erstandenen „Gut Hessels" durch Gabi und Peter Mock stellvertretend hervorzuheben.

Bild von der Mitgliederversammlung 2011
Im Vordergrund Peter und Gabi Mock

Der Initiator des Neuaufbaus von „Gut Hessel"

Eberhart Schmidt

Anmerkung: Der Bericht und das Bild sind dem Hessel-Jahreskalender von 2008 entnommen!

Am 9.März 1923 wurde Eberhart Schmidt als Sohn des Landwirts und Ingenieurs Martin Schmidt und seiner Ehefrau Emma-Sophie in Kassel geboren. Er besuchte die Waldorfschule, zunächst in Kassel, später in Stuttgart.
Von 1938 bis 1942 war er im väterlichen Betrieb, dem Rittergut Hessel bei Wiesenfeld (Eichsfeld) in der Landwirtschaft tätig. Er war dort hauptsächlich für den Maschinenpark zuständig. Außerdem versorgte er die Pferde.
1942 wurde er zum Wehrdienst eingezogen, jedoch infolge einer Verletzung 1944 wieder entlassen.
Er setzte seine Arbeit im väterlichen Betrieb fort, bis die ganze Hofgemeinschaft, einschließlich aller Flüchtlinge, die sich inzwischen eingefunden hatten, vor der russischen Besatzung über die hessische Grenze flüchteten.
In Rittershain überwindet er durch die Verbindung mit seiner späteren Frau Dorothea seine Gebundenheit an die Kriegsverletzung. Er wird Maschinenbauschlosser und Kunstschmied. In die entstehende Ehe stellen sich später 3 Töchter und ein Sohn ein.
1954 begann er mit der Fertigung von künstlerisch gestaltetem Holzspielzeug und gründete 1957 einen eigenen Betrieb in Kassel, wobei er Arbeitsplätze für behinderte junge Menschen schuf. Außerdem war er Mitbegründer der „Beschützenden Werkstätten" aus denen sich später die „Baunataler Werkstätten" entwickelten. Für viele anthroposophische Einrichtungen war er Mitbegründer oder Mitverantwortlicher im Vorstand oder Arbeitskreisen.
1989 in den Weihnachtstagen konnte er erstmals wieder sein väterliches „Gut Hessel" besuchen. Es war nicht mehr vorhanden. Aber Feld, Wald, Bach und der „Bodensee" waren, wenn auch verändert, da.
Durch die Verbindung mit Familie Mock aus Wiesenfeld gelingt es ihm, die Landwirtschaft wieder aufzubauen. Es wurde ein gemeinnütziger Verein gegründet, dem das ehemalige Familieneigentum überlassen wurde. Große Teile des Waldes hat der Verein durch seinen Einsatz bereits zurück erworben. Der Rückerwerb des Acker und Weidelandes ist auch bereits erfolgt. So ist auf dem bisher gepachteten Land ein moderner

Hof entstanden, der auf der Grundlage biologisch-dynamischer Wirtschaftsweise arbeitet.
So hat Eberhart Schmidt mit seinem guten Willen und seinen Idealen etwas zurückerworben, was nicht nur für seine Eltern durch den Krieg verloren ging. Selbst der Anfang einer Sozialarbeit mit betreuten Kindern bzw. Jugendlichen ist möglich geworden.
Daß diesem brennenden Willen nicht unendliche Erdenkräfte zur Verfügung standen, wollen wir in Dankbarkeit annehmen.
So starb er am 27 Juli 2007 in Kassel, nachdem er ein halbes Jahr vorher noch in Wiesenfeld an schwerwiegenden Entscheidungen aktiv teilgenommen hatte.

Nachtrag:

Aus drei Briefen von Johannes Schmidt, ins besondere der Brief vom 27.3..2017 sind auszugsweise folgende Passagen nachzureichen:

….Als wir Hessel am 1. Juli 1945 mit Roß und Wagen verließen, waren noch viele Sachen auf dem Hof. Der Vater von Johannes Senfft von Pilsach hatte vorher mit „Englischen Offizieren“ den Hof besichtigt und ihnen den Wert der Viehherde vor Augen geführt. So konnte diese auch unter dem Schutz von amerikanischen Soldaten noch nach unserem Verlassen geholt werden. Als Dank durften sie ein Schwein schießen, das sie dann auf die Motorhaube legten. So kamen sie unbeschadet und ohne weiteren Zwischenfall mit der Kuhherde zu den anderen, die am Werraufer, unter dem Schutz eines amerikanischen Panzers, eine Wagenburg errichtet hatten. Wir haben ja auf die Heuwagen, - die so beladen wurden, dass jeder für sich allein durchkommen konnte, - nur das Nötigste mitnehmen können. Säcke mit Hafer für die Pferde, Brot und Wurst und Federbetten für die Menschen, Wagenheber um auch Räder zu wechseln

Die Splitterbomben die im Garten nieder gingen, hatten ja die ganzen Stromleitungen zerrissen. Die hat ein Lanzer repariert, der Zivilkleidung von uns bekam. Ich mußte ihn damals begleiten. Mit ihm habe ich auch mit einem Handwagen die Waffen vom Straßengraben aufgesammelt, die die abziehenden Deutschen Soldaten weggeworfen hatten.
Als dann gerade wieder eine Kolonne von Amies vorbeifuhr, haben sie ihre Maschinengewehre auf uns gerichtet bis sie außer Sichtweite waren. Das Sammelgut kam dann zu den drei Toten Pferden, die beim Fliegerangriff vor Ostern bei ihrer Arbeit erschossen wurden, und in dem riesigen Bombentrichter auf dem Feld entsorgt wurden.
Da der Kuh- und Schweinestall beim Fliegerangriff (Ostersamstag 1945) teilweise abgebrannt war, mußte ich mit den Pferden den Schutt in die Kiesgrube, die am Weg nach Wiesenfeld rechts war, abfahren. Auf der Höhe nach Volkerode war ein amerikanischer Jabo notgelandet. Wenn es der Wa-

che dort langweilig oder gefährlich erschien, dann schossen sie mit den Waffen des Fliegers. So schossen sie auch in die Kiesgrube, in der ich beim Abladen war. Weil sie mich nicht sehen konnten, spannte ich die Pferde aus und lief mit ihnen zum Hof, mein Hemd als weiße Fahne schwenkend...

...Da ich in meiner Jugendzeit sehr viel in Hessel erfahren habe, bin ich der Familie Martin Schmidt sehr dankbar. Denn nicht nur landwirtschaftlich habe ich viel gelernt, sondern auch kulturell und menschlich viel erfahren. In den Wintermonaten hat uns Frau Schmidt Amerika, ihre Landschaft und Bevölkerung, etwas von der Dichtkunst und ihren Gesetzen, erklärt. Dann Chorgesang, Scharaden und andere Gesellschaftsspiele. Jeden Abend versammelten wir uns um eine große Kerze, und gedachten der Menschen, die von Hessel an den Fronten oder in den Städten in Gefahr waren. Dann waren ja viele Jugendliche von Berlin, Stuttgart und anderen Städten, mit denen wir Kühe hüteten oder sonst zusammen arbeiteten. So erlebte ich eine Gemeinschaft mit jungen Menschen, mit denen ich sicher sonst nie zusammengekommen wäre. ...

Nachtrag von Reinhard Grüninger:

Dass es sich bei dem alten Gut Hessel von 1938 – 1945 um ein **Kulturzentrum** handelte, wurde mir an Hand der Aussagen aller Briefe und Gespräche, insbesondere des großen Rundschreibens von 1994 durch Friedrich und Akka Kühn (Annchen Kellner) deutlich.

Hier sei nur eine kleine, symbolische Passage von Johannes Senfft v. Pilsach aus diesem Rundschreiben von 1994 wiedergegeben:

....1944. Wir Schulkinder (12 bis 13 Jahre) in Hessel waren Helmut Schlingensiepen und Lieselotte Voigt, beide schon Jahrzehnte verstorben, sowie Roland Kürzdörfer und ich. Es waren knappe Zeiten und Mahlzeiten. Uns war aufgefallen, dass für Mütte das Essen mit Köstlichkeiten, die wir nicht zu sehen bekamen, nach oben gebracht wurde. Wir „Vier“ tauschten unsere Gedanken heimlich aus, da wir mit den Erwachsenen nicht darüber sprechen konnten. Der eigene knurrende Magen hinderte uns daran, Verständnis für Müttes Gesundheitssituation zu entwickeln. Als sich das zu einer handfesten Antipathie gegenüber Mütte aufgestaut hatte, wurde Lieselotte aktiv und forderte uns drei anderen energisch auf, damit zu Mütte zu gehen und ihr zu „beichten". Liselotte war ein Menschenkind mit einem hohen moralischen Anspruch, auch sich selbst gegenüber. – Mit gemischten Gefühlen gingen wir zu Mütte, Liselotte war unsere Sprecherin. Ich erinnere mich noch gut, wie es mich stark berührte, mit welcher Offenheit, ja sogar Betroffenheit, Mütte unsere Situation aufnahm, ohne den moralischen Zeigefinger zu erheben. Sowas hatte sie bei all ihren pädagogischen Aktivitäten sicher noch nicht erlebt. ....

Ab 1991 jedoch stand zunächst der äußere Wiederaufbau von Gut Hessel im Vordergrund. – Innerlich getragen wurde dieser Wiederaufbau jedoch durch zahlreiche Mitglieder, welche sich aus der vergangenen Gemeinschaft bereits kannten und am Wiederaufbau von Hessel eine sinnvolle Aufgabe empfanden.

Anhang 1:
Gebrauchsanleitung für ein Osterfähnchen:

„Du brauchst einen Längsstab (z.B. Weidengerte, wie sie die Korbflechter nutzen, oder aus der Gärtnerei) von 50 cm Länge und einen Querstab von ca. 12-13 cm Länge. Ein rotes Geschenkband von ca. 5 cm Breite und ca. 25-30 cm Länge. Weiterhin ein lichtgrünes Geschenkband von 1,5 cm Breite und 60-65 cm Länge. (Nimm ein weiches, nicht zu steifes Band!)

Nähe das rote Band an den Querstab und achte darauf, daß ein kleiner „Tunnel" längs des Querstabes entsteht, durch den du das grüne Band ziehen musst.

Nimm jetzt die gleichlang hängenden, schmalen grünen Bänder und verknote sie am Längsstab oberhalb des roten Bandes. Die grünen Bänder hängen dann vor dem roten Band. Zuletzt schneide das rote Band am unteren Ende so ein (siehe Abbildung).

Fertig ist die Osterfahne mit dem frei schwingenden Querbalken.

Die Farben rot und grün kommen aus der Farbgebung der christlichen Jahresfeste im Kultus der Christengemeinschaft.

Anhang 2:
Das „Hesseler Erntelied“ wurde uns am 4. 9.2014 per Fax von Johannes Senfft von Pilsach zugesendet.

Hesseler Erntelied

Gesungen von der schwer arbeitenden Jugend aus den letzten Kriegsjahren 1942–1945

Wir schnitten die Saaten,
wir Buben wir Dirnen
mit nackenden Armen
und triefenden Stirnen,
von donnernden, dunklen
Gewittern bedroht.

Gerettet das Korn und
Nicht einer der darbe,
von Garbe zu Garbe ist
Raum für den Tod.
Wie schwellen die Lippen des
Lebens so rot !

Hoch thronet ihr Schönen auf
güldenen Sitzen, auf
strotzenden Garben,
umflimmert von Blitzen,
von donnernden, dunklen
Gewittern bedroht.

Zum Reigen, zum Tanze,
zur tosenden Runde!
Von Munde zu Munde
ist Raum für den Tod.
Wie schwellen die Lippen
des Lebens so rot!

Weitere Begegnungen mit Gut Hessel

In der Zeitenwende von 1944-1947

von Christian Krause

Vorwort von Reinhard Grüninger

Die Veröffentlichung des Büchleins „Was damals auf Gut Hessel gelebt hat“ hat auf schicksalhafte Weise im Frühjahr 2019 einen weiteren Teilnehmer des kriegsbedingten Aufenthaltes auf „Gut Hessel“ samt den verschiedenen Stationen nach der Flucht bis Rittershain, wachgerufen.

Gerne bringen wir diese erlebten und noch selbstverfassten Schilderungen von Christian Krause in der erweiterten, dritten Auflage des Büchleins als Zeit-Zeugnis wörtlich zur Erscheinung.

Das Text-Original von Christian Krause 2019

Begegnungen

in der Zeitenwende 1944-1947

Familie und Heimat

Flucht

Rüstungen

Hessel bis Hambach

Rittershain

Danke

Familie und Heimat

Am 12.Juli 1932 bin ich zusammen mit meinem Zwillingsbruder in Klein-Biesnitz, einem südlichen Vorort von Görlitz am Fuße der Landeskrone, einem längst erloschenen Vulkan, geboren worden. Im Laufe der folgenden Jahre erweiterte sich die Familie um weitere Geschwister: zwei Brüder (geboren 1934 und 1937), zwei Schwestern (Zwillinge, geboren 1941) und eine weitere Schwester (geboren 1948).

Wir können dankbar auf eine unbeschwerte und schöne Kindheit zurückblicken. Zentraler Punkt unserer Entwicklung war eine Schrebergartenparzelle, die unsere Eltern bald nach meiner Geburt gepachtet hatten. Sicherlich stammt meine sowie die aller meiner Geschwister vorhandene Affinität zu allem gärtnerischen aus dieser Zeit. Meine Mutter war nach Ausbruch des Krieges allein voll verantwortlich für die gesamte Familie, da der Vater zur Luftwaffe eingezogen wurde. Nach der Geburt meiner Zwillingsschwestern bewohnten wir eine geräumige Wohnung in der Innenstadt von Görlitz, nach dem wir zuvor am westlichen Stadtrand heimisch waren.

Im Spätsommer 1944 wurde meine Mutter von einer Freundin darauf angesprochen, ob es möglich wäre, dass eine Bekannte von ihr eventuell kurzfristig bei uns übernachten könne. Sie käme aus Westdeutschland, hätte in Görlitz etwas zu erledigen und Hotelübernachtungen wären bei der derzeitigen Kriegslage nirgends zu erhalten. Selbstverständlich wäre dies möglich und so übernachtete Isabell Mutzenbecher in der nächsten Zeit zwei bis dreimal bei uns. Und dies wurde zu einer wirklich schicksalhaften Begegnung.

Während verschiedener Gespräche fragte Frau Mutzenbecher meine Mutter unumwunden, welches Ziel meine Mutter denn hätte, falls der Kriegsverlauf sie zwingen würde, Görlitz verlassen zu müssen. Dazu hatte meine Mutter keine schlüssige Antwort bereit; wir hatten – außer entfernten Verwandten in Thüringen – weder Bekannte noch nähere Angehörige westlich der Elbe. Deshalb gab Frau Mutzenbecher meiner Mutter ihre Adresse: „Gut Hessel“ über Wiesenfeld, Kreis Heiligenstadt, sowie ihre telefonische Erreichbarkeit. Wenn „alle Stränge reißen würden“ könne sie sich direkt an sie wenden, sie würde dann versuchen uns irgendwie weiter zu helfen.

Flucht

Über die Wochen zwischen Anfang Februar und den ersten Märztagen 1944 kann ich folgendes Erlebte berichten:

Die deutsche Ostfront war unter dem sowjetischen Ansturm an vielen Stellen zusammengebrochen und der Gedanke an Flucht nahm in der Zivilbevölkerung immer mehr Gestalt an. Meine Mutter bereitete sich ebenfalls darauf vor. Für jedes ihrer sechs Kinder nähte sie Umhängetaschen, in die sie die wichtigsten Adressen von nahen Angehörigen, sowie einige lebensnotwendige Dinge legte. Weil es unsicher war, ob zum Zeitpunkt einer eventuellen Flucht irgendwelche Transportmittel zur Verfügung stehen würden, richtete sie sich darauf ein, zu Fuß flüchten zu müssen. Von Bekannten hörte sie schreckliche Dinge über den Einmarsch im Warthegau, denen sie sich und ihren Kindern auf keinen Fall aussetzen wollte.

Am 12. Februar war kurzfristig mein Vater in Görlitz. Sein Kompaniechef hatte ihn zu einer dienstlichen Angelegenheit nach Hirschberg am Riesengebirge kommandiert – mit einer Übernachtung in Görlitz. Dabei könnte er mit seiner Frau Regelungen vereinbaren, wie sie sich im Falle einer erforderlichen Flucht vor der sowjetischen Front verhalten sollte. In der darauf folgenden Nacht besprachen dies die Eltern mit einigen vertrauenswürdigen Menschen. (Inzwischen war es bei Todesstrafe untersagt über Flucht zu sprechen oder sogar selbst zu flüchten!) Einige Adressen wurden den Eltern genannt, die als Ansprechstellen dienen könnten, falls sie sich vollends aus den Augen verlieren sollten. Tags darauf begab sich mein Vater wieder zurück zu seiner Dienststelle bei der Eisenbahn-FLAK. Sein Weg sollte eigentlich über Dresden führen, wo in der gleichen Nacht der erste verheerende Luftangriff stattfand – und wir waren in größter Sorge in wieweit er auch davon betroffen sein könnte. Später stellte sich heraus, dass sein planmäßiger Zug einen weiträumigen Umweg um Dresden nehmen musste.

In den Nächten zwischen dem 16. und 18. Februar näherte sich Geschützdonner von der Ostfront der Stadt Görlitz. Und am Abend des 17.Februar wurde Görlitz von den Nationalisten zur Festung erklärt. Alle Frauen, Kinder und Männer über 65 (?)Jahre hätten umgehend die Stadt zu verlassen. An exponierten Stellen würden Wehrmachtsfahrzeuge die Menschen aufnehmen und in Richtung Westen bringen. Nur Wehrmachtsfahrzeuge waren keine vorhanden. Also entschloss sich meine Mutter spontan, die Flucht mit ihren sechs Kindern zu Fuß anzutreten. So verließen wir nur mit dem Nötigsten unsere Wohnung. Meine Mutter schob den Zwillingskinderwagen mit meinen kleinen Schwestern und ich das große Fahrrad meines Vaters. Welch ein Mut, so in eine völlig ungewisse Zukunft zu gehen!!

Vereiste Straßen, großer Flüchtlingsstrom, dazwischen Wehrmachtskolonnen Richtung Westen, Wlassow Soldaten mit ihren kleinen Pferden Richtung Osten und dazu zeitweiliger Tieffliegerbeschuss. Darin bewegten wir uns in den beiden ersten Tagen bis nach Bautzen. Dort zwei Tage Rast in einer von Soldaten geleiteten Flüchtlingsunterkunft. Danach ging es mit dem Zug weiter über Aussig, Dux, Brüx und Eger nach Hof. Hier wieder zwei Tage in einer großen Flüchtlingsunterkunft mit Strohlager, aber gutem Essen. Weil es für uns kein festes Ziel gab, entschloss sich meine Mutter nun doch, die entfernten Verwandten meines Vaters in Thüringen aufzusuchen, vielleicht ergäbe sich ja dort eine längerfristige Unterkunft für eine Mutter mit sechs Kindern. Wir fanden die Verwandten, jedoch wurden wir nach wenigen Tagen unmissverständlich gebeten woanders nach einer Bleibe zu suchen. Darauf entschied sich meine Mutter mit dem Mut der Verzweifelung mit uns nach Heiligenstadt zu fahren und das Angebot von Frau Mutzenbecher vom Herbst 1944 anzunehmen. Von dort aus nahm sie telefonischen Kontakt zu ihr auf. Frau Mutzenbecher wollte unmittelbar danach sehen, inwieweit sie uns helfen könne und sich dann in unserer vorläufigen Unterkunft in Heiligenstadt melden. So sind wir dann am 6. März mit der

Kleinbahn nach Krombach gefahren, wo uns, wie vereinbart, Frau Mutzenbecher mit einem Bauern aus Rüstungen mit Pferd und gummibereiftem (!) Wagen abgeholt hat. Sie hatte für uns alle in Rüstungen Unterkunft finden können; bei einer Bauernfamilie für meine Mutter mit den drei jüngsten Geschwistern, bei einer für die zwei nächstälteren Brüder und bei einer Familie für mich. - Wir konnten unser Glück kaum fassen.

Rüstungen

Nun erlebten wir – zumindest wir Kinder – eine ganz andere Welt. Andere Menschen, andere Sprache, andere Gewohnheiten, andere Religionsausübung – also insgesamt vielfältige neue Begegnungen.

Die Mutter hatte nun mit den drei jüngsten Geschwistern in einem recht großen Bauernhof eine Unterkunft gefunden und großzügige Hilfe zur Bewältigung der täglichen Bedürfnisse bekommen. Meine beiden anderen Brüder waren bei dem Posthalter des Dorfes einquartiert, während ich zu einer Kleinbauernfamilie kam. Dass ich als Flüchtlingskind dort aufgenommen wurde war mehr als großherzig. Die Bäuerin, die mit drei Töchtern und einem Enkelsohn zusammen lebte, war erst kürzlich Witwe geworden. Der Mann einer Tochter war im Krieg gefallen, der Verlobte einer anderen Tochter galt als vermisst. Als Stadtkind, das noch nie mit einer Kuh Berührung hatte wurde ich bald dazu angehalten mit Wagen und zwei Kühen Runkelrüben aus einer Feldmiete zu holen sowie Mist aufzuladen und auf einem Feld auszubringen – was mir nicht so schnell wie gedacht von der Hand ging aber dennoch Freude machte. Inzwischen mussten wir selbstverständlich auch die Schule besuchen; die einklassige Dorfschule (1. bis 8. Schuljahr in einem Raum) war für uns auch eine neue Erfahrung. Sie endete kriegsbedingt mit Beginn der Osterferien.

In unserer Zeit in Rüstungen fiel dann auch die Besetzung Thüringens durch die amerikanischen Truppen sowie der endgültige Zusammenbruch Deutschlands mit der bedingungslosen Kapitulation. Weil wir unbeschadet durch diese turbulenten Wochen gekommen sind möchte ich hierzu keine weiteren Einzelheiten berichten.

Vereinbarungsgemäß wollte meine Mutter Anfang Juni bei meiner Bäuerin im Voraus die Unterhaltskosten für mich bezahlen. Dies bräuchte sie nicht mehr zu tun wurde ihr unvermittelt gesagt. Auf die Frage meiner Mutter, weshalb und ob ich mir denn etwas hätte zuschulden kommen lassen, erhielt sie die Antwort, dass das zwar nicht der Fall sei, aber der Junge könnte ja nicht mal richtig arbeiten. Und in der Bibel steht ja schon, „wer nicht arbeitet soll auch nicht essen“. Deswegen könnte ich nicht länger bei ihnen bleiben – für mich und besonders meine Mutter war das ein unerwarteter harter Schlag.

Hessel bis Hambach

Was wir jedoch nicht wissen konnten war, dass mit diesem Schritt unserem Schicksal kräftig unter die Arme gegriffen wurde.- In ihrer Not wandte sich meine Mutter an Frau Mutzenbecher, ob sie uns irgendwie helfen könnte eine Bleibe für mich zu finden; in dem Zimmer meiner Mutter in Rüstungen könnte ich nicht auch noch unterkommen. Frau Mutzenbecher bat darauf Herrn Schmidt von Gut Hessel, ob er eventuell helfen könnte. Da bei ihm jetzt schon so viele Flüchtlinge untergekommen seien, käme es nun auf einen weiteren Platz für einen Zwölfjährigen auch nicht mehr an – war seine großzügige Antwort. Und so brachte mich meine Mutter an einem der ersten Junitage bei strahlend schönem Frühsommerwetter nach Hessel.

Dort wurde ich zusammen mit anderen Kindern in der folgenden Zeit hauptsächlich von Frau Vögele und Frau Mutzenbecher betreut. Frau Mutzenbecher gab uns Kindern jeweils neue Aufgaben, um ihr in ihrem Reich, dem Garten, behilflich zu sein. Für mich war es kaum möglich die vielen Menschen, die auf dem Gut lebten, richtig kennen zu lernen. Aber an die gute Atmosphäre, die dort herrschte und der ausgesprochen freundliche Umgang der Menschen untereinander beeindruckten mich tief.

Unabhängig von unseren kleinen und groß erscheinenden Sorgen und Nöten: die große Weltpolitik ging weiter ihren Gang. Sie sollte auch nicht spurlos an uns vorbeigehen. Anlässlich der Konferenz von Jalta im Februar 1945 wurde die Grenzziehung für die Teilung Deutschlands festgelegt. Eine der Folgen davon war die Rückverlegung der amerikanischen Besatzungstruppen aus Thüringen nach Westen. Dafür bekamen die Sowjets Thüringen zugeschlagen. Der Wechsel sollte in den ersten Julitagen 1945 erfolgen. Diese Vereinbarung wurde der Bevölkerung gegenüber geheim gehalten, sickerte aber doch hier und da durch. Auch Familie Schmidt bekam davon Kenntnis. Weil sie auf keinen Fall im sowjetischen Einflussbereich bleiben wollte, trafen sie Vorkehrungen zu einer Flucht nach Westen.

Ich selbst hatte bis zu einem Tag vor der dann folgenden Flucht keine Ahnung von dem Vorhaben. Weil mich Familie Schmidt nicht einfach unmotiviert wieder nach Rüstungen zu meiner Mutter zurückschicken konnte (vielleicht wäre ja alles nur ein Gerücht oder würde zu einem anderen Termin stattfinden) war geplant, mich gemeinsam mit meiner Mutter und meinen Geschwistern mit nach Westen zu nehmen. Frau Mutzenbecher besprach dies alles rechtzeitig mit meiner Mutter.

Ohne hier weiter ins Detail zu gehen: am 1.Juli kam Herr Späth aus Heiligenstadt nach Hessel und berichtete, dass dort auf dem Bahnhof bereits russische Soldaten gesehen worden seien. Damit war für Familie Schmidt besiegelt, am kommenden Tag Gut Hessel zu verlassen. Am späten Abend informierte Frau Mutzenbecher meine Mutter darüber wie alles ablaufen sollte. Und in der folgenden Nacht wurde endgültig alles für die Flucht vorbereitet. Und ich verbrachte voller Angst eine der mir schrecklichsten Nächte die ich erlebt habe mit der Vorstellung, dass meine Mutter mit den Geschwistern von Rüstungen aus Hessel nicht mehr rechtzeitig erreichen könnten. Da half auch freundlicher Trost durch Frau Mutzenbecher nicht viel. Am frühen Morgen setzte sich ein Treck mit Wagen,

Schafen und Menschen Richtung Westen in Bewegung. Nachdem die Werra überquert war, entdeckte ich dann zu meiner allergrößten Freude in der Menschenmenge meine Mutter und meine Geschwister. Als alle in dem kleinen Ort Kleinvach an der Werra angekommen waren, entließ mich Familie Schmidt wieder an meine Mutter.

Hier möchte ich noch ein Erlebnis erwähnen, das mich für mein ganzes Leben stark geprägt hat und an das ich noch heute fast täglich denke:

Am Abend des Fluchttages erlaubte uns (meiner Mutter mit ihren Kindern), ein Bauer, in seiner Scheune zu übernachten. Ich sehe noch, wie meine Mutter mit uns Kindern am Scheunentor standen, die Mutter einen Kanten Brot aus ihrem Rucksack nahm, ihn teilte, für jedes der Kinder ein Stück abschnitt, für sich das kleinste, alles weitergab und dazu sagte, dass dies alles sei, was sie uns im Moment geben könnte. Am nächsten Morgen fragte die Frau des Bauern, ob wir denn heute schon etwas zu essen bekommen hätten. Auf die verneinende Antwort meiner Mutter holte sie für alle Essen. - Wegen dieses Erlebnisses ist es für mich völlig undenkbar, Essen wegzuwerfen.

Kurze Zeit danach ergab sich für alle „Hesseler“ die Möglichkeit in den Baracken eines verlassenen Fliegerlagers, oberhalb der Ortschaft Solz, kurzzeitig Unterschlupf zu finden. Einigen Frauen mit Kindern wurde angeboten stattdessen in die Untermühle, einem Vorwerk der Familie von Trott zu Solz, zwischen Solz und Imshausen gelegen, umzuziehen. Ein großzügiges Angebot – verbunden mit weiteren neuen Begegnungen.
Auch für meine Familie war damit erst einmal wieder für Unterkunft gesorgt. In diese Zeit fiel dann auch die Rückkehr meines Vaters aus dem Krieg. Eine große Rolle spielt dabei die Adresse, die meine Eltern kurz vor unserer Flucht aus Görlitz erhalten hatten.

Während Anfang Herbst 1945 meine Mutter mit meinen jüngeren Geschwistern in das Gutshaus der Familie von Trott in

Imshausen wechselte, wurden mein Zwillingsbruder und ich nach Gut Hambach - nahe Hessisch-Lichtenau - zum herbstlichen Ernteeinsatz geschickt. Herr Schmidt hatte nach der Flucht aus Hessel dieses Gut übernehmen können und meinem Vater angeboten, dort arbeiten zu können. So verlagerte sich in kurzer Zeit das ehemals auf Hessel gelebte Leben an den Standort Hambach. Für mich ist Hambach mit vielen bleibenden Erinnerungen verbunden. Ein ganz besonderes davon: Andreas von der Decken war musikalisch sehr begabt und studierte mit „seinen“ Sängerinnen und Sängern das Chorwerk *„Und ich hörte ein große Stimm“* von Melchior Frank aus dem Jahr 1623 ein. – Abends wurden während einer kleinen Andacht der Angehörigen gedacht, die gefallen waren sowie derer, deren Schicksal noch ungewiss war. Wir größeren Kinder konnten auch daran teilnehmen. An einem Abend wurde dabei das Original der später als Stalingradmadonna weltweit bekannt gewordene Zeichnung gezeigt. Familie Schmidt hatte es leihweise bekommen. Heute hat das Bild in der Kaiser-Friedrich-Gedächtniskirche in Berlin seinen (vorerst?) letzten Platz gefunden.

Dann gegen Ende des ereignisreichen Jahres 1945 waren bei Familie Schmidt die Pläne für die Eröffnung eines Kinderheims soweit gereift, dass sie nun umgesetzt werden sollten.

Rittershain

Neben Anderem wurde auch meinen Eltern angeboten, in diesem Kinderheim mitarbeiten zu können. Wir Kinder könnten ebenfalls dort wohnen und je nach Können und Vermögen auch mitarbeiten. Es sollte in dem Kinderheim eine Heimschule eingerichtet werden, die wir ebenfalls besuchen könnten. Meine Eltern hatten momentan keine Aussicht wieder eine Arbeit zu bekommen, von der sie mit der Familie leben hätten können, noch eine Wohnung für acht Personen zu finden. Insofern waren sie dankbar für Herrn Schmidts Angebot.

An den allerersten Anfängen des Aufbaues des Kinderheims in dem Schlossgebäude Rittershain – unter der Aufsicht von

Herrn Ogilvie – waren u. a. mein Zwillingsbruder und ich sowie zwei weitere Jungen etwa unseres Alters tatkräftig beteiligt. Am 3.Januar 1946 brachte uns Eberhardt Schmidt mit seinem Holzvergaserbulldock auf einem Anhänger von Hambach nach Rittershain. Unsere Aufgaben für die nächsten etwa 3 Wochen war es, dort Betten aufzustellen, Öfen zu installieren, für Brennholz zu sorgen und was sonst erforderlich war, um einen einigermaßen geregelten Kinderheimbetrieb in Gang zu bringen. Alles war insofern nicht einfach, als es im Gebäude keinen elektrischen Strom gab. (Das sollte sich bei dem späteren Betrieb auch als sehr mühsam und nicht ungefährlich erweisen.) Dennoch machten wir uns unverdrossen an die Arbeit die schließlich dazu führte, dass das Kinderheim im Frühjahr 1946 eröffnet werden konnte.

Wir Kinder konnten die Heimschule besuchen, die sich an die Waldorfpädagogik anlehnte. Manche Anregung aus dieser Zeit haben – je nach Neigungen – bis in spätere Jahre hinein Wirkungen gehabt.

Bei Frau Schmidt-Michaelis hatten vier im Heim lebende Kinder Religionsunterricht bekommen und sind auch Ostern 1947 von ihr nach dem Ritus der Christengemeinschaft konfirmiert worden.

Tags darauf hat für meinen Zwillingsbruder und für mich der weitere „Weg in die Welt" begonnen. Mein Bruder begann eine Gärtnerlehre (sein Wunschberuf !) während für mich mit meinem dringenden Wunsch „Tischler" zu werden, vorerst keine Lehrstelle zu finden war. Stattdessen lebte ich (fast an Sohnesstatt) bis zum Herbst bei einem Kleinbauern in Königswald in der Nähe von Rittershain.

Danke …

…möchte ich abschließend allen Menschen sagen, mit denen wir mehr oder weniger lose und auch intensive Begegnung haben durften,

… die uns in schwierigen Lebenssituationen hilfreich zur Seite standen,

…die uns materiell und moralisch unterstützt haben,

…und die uns an ihrem eigenen Leben haben teilnehmen lassen.

Zum Abschluss danke ich einem gnädigen Schicksal, auch im Namen der Eltern und Geschwister.

Trittau, im Frühjahr 2019